고린도전서 강해 하

고린도전서 하

초판 1쇄 발행 2008년 5월 31일
 2판 1쇄 발행 2010년 2월 28일

———

지은이   이재록
발행인   빈성남
편집인   빈금선

———

발행처   우림북
영업부   02-837-7632, 070-8240-2072
팩 스   02-869-1537

———

등록번호   164-11-01027

———

Copyright ⓒ 2008 우림북
판권 본사 소유 | 파본은 교환해 드립니다.

———

값 9,000원

———

ISBN 978-89-7557-301-9
       978-89-7557-300-2(set)

우림

우림은 구약 시대에 대제사장이 하나님의 뜻을 묻기 위해 사용하던 판결 흉패로써
히브리어로 '빛'이라는 의미가 있습니다(출애굽기 28:30).
빛은 곧 하나님 말씀이며 생명입니다.
우림북은 온 누리에 참 빛을 비추고자 오늘도 기도와 정성으로 문서선교 사역에 앞장서고 있습니다.

고린도전서 강해 하

이재록 목사

THE FIRST LETTER OF PAUL TO THE CORINTHIANS

신앙인의 지침이
영육간에 풍성히 기록되어

고도의 첨단 사회를 살아가는 현대인은 가치관의 혼돈으로 갈등하거나 방황하기 쉽습니다. 이는 비단 세상 사람들의 이야기만은 아닙니다. 신앙 안에서도 성도간의 분쟁이나 소송, 결혼이나 이혼 등 여러 가지 문제를 만나게 됩니다.

더구나 원수 마귀 사단은 믿는 사람들을 어떻게든 진리 안에 살지 못하도록 세상으로 유혹합니다. 그러므로 진리 가운데 살고자 하는 사람들은 나름대로 고민과 문제를 안고 그 해답을 찾고자 고심하지요.

고린도교회도 그러했습니다. 사도 바울 당시 고린도는 무역이 번성하여 많은 사람이 모여들었기 때문에 여러 민족이 섞여 있었습니다. 부유한 사람뿐만 아니라 가난한 사람과 노예 등 다양한 계층을 이루며 다신교가 유행하였고, 특히 향락 도시로 알려질 만큼 타락했습니다.

　그러한 가운데 신앙생활을 했기에 고린도교회 성도들에게 는 많은 갈등과 문제가 있었습니다. 더구나 교회가 세워진 지 얼마 되지 않아 신앙적으로 어려움을 겪을 수밖에 없었습니 다. 사도 바울은 그들에게 올바른 길을 제시하며 성숙한 신 앙생활을 할 수 있도록 성경적인 답을 줍니다.

　고린도전서는 누구나 겪을 수 있는 실생활 가운데 나타나 는 문제에 대한 밝은 해답을 제시하고 있습니다. 이는 복잡한 현대사회를 살아가는 우리에게도 동일하게 적용될 수 있으므 로 이 말씀을 양식 삼는 것은 매우 중요합니다.

이 책에서는 분쟁이나 전도, 결혼, 우상의 제물이나 영적인 은사 등 다양한 문제를 어떻게 이해하고 행해야 하는지, 하나님의 뜻이 무엇인지 이해하기 쉽도록 설명했습니다. 따라서 자신의 문제를 하나님 말씀으로 분별하여 바른 길을 찾으면 더욱 확신 가운데 신앙생활을 할 수 있을 것입니다.

그동안 책자 발간을 위해 수고해 주신 빈금선 편집국장과 직원들에게 감사드리며 이 책자를 대하는 분마다 하나님의 뜻을 밝히 깨닫고 행함으로써 풍성한 축복을 받아 누리시기를 주님의 이름으로 축원합니다.

2008년 5월

이 재 록 목사

CONTENTS
고린도전서 하

8장
우상의 제물에 관하여

우상의 제물이란 무엇인가

만물은 하나님으로 말미암은 것

죄임을 알면서 계속 죄를 지으면

제사상에 놓였던 우상의 제물을 어떻게 할 것인가

우상의 제물이란 무엇인가

우상의 제물에 대하여는 우리가 다 지식이 있는 줄을 아나 지식은 교만하게 하며 사랑은 덕을 세우나니 8:1

많은 사람이 "자신은 우상의 제물에 대해 안다."고 생각하기 쉽지만 실제로 온전하게 아는 경우는 드뭅니다. 우상의 제물이라 하면 흔히 우상 앞에 제단을 쌓아 놓고 제사하는 음식물로 알고 있지요. 그러나 여기서 말하는 우상의 제물은 그것만을 의미하는 것이 아닙니다.

고린도전서 10장 25-27절을 보면 우상의 제물에 대하여 무릇 시장에서 파는 것, 우리 앞에 차려진 음식은 무엇이든지 양심을 위하여 묻지 말고 먹으라고 알려 주셨습니다. 만물이 다 하나님께서 주신 것이니 믿음으로는 모든 것을 먹을 수 있기 때문입니다(롬 14장). 그런데 사도행전에서는 우상의 제물은 결코 먹으면 안 된다고 말씀하시니 우리는 어떻게 해야 할까요? 바로 각각의 경우에 우상의 제물이 무엇을 의미하는지 올바로 분별해야 합니다.

사도행전 15장 20절을 보면 "다만 우상의 더러운 것과 음행과 목매어 죽인 것과 피를 멀리하라고 편지하는 것이 가하니" 하였고, 29절에는 "우상의 제물과 피와 목매어 죽인 것과 음행을 멀리할지니라" 하였습니다. 또 사도행전 21장 25절에는 "주를 믿는 이방인에게는 우리가 우상의 제물과 피와 목매어 죽인 것과 음행을 피할 것을 결의하고 편지하였느니라" 기록하였지요.

구약 시대에는 이스라엘 백성들이 하나님께서 가증스럽게 여긴 동물을 먹지 않았습니다. 레위기 11장에 기록된 대로 하나님께서 모세를 통하여 정하고 부정한 것, 먹을 생물과 먹지 못할 생물을 자세히 알려 주셨기 때문입니다. 그런데 신약 시대에 와서 부활하신 주님의 명령에 따라 이방인에게까지 복음을 전하다보니 문제가 생겼습니다. 하나님의 선민 이스라엘 백성은 모세의 율법에 따라 먹지 않아야 하지만 이방인들에게까지 이런 짐을 지우면 주님을 믿기가 너무 힘들다고 생각할 수 있기 때문입니다.

그래시 사도 바울이 바나바와 함께 1차 전도 여행을 마친 후 예루살렘에 들러 사도와 장로들에게 건의하게 되었고 베드로와 야고보 등 사도와 장로들이 회의를 거쳐 가증스런 짐승들을 먹어도 된다고 허락한 것입니다. 모든 사람이 구원에 이르게 하기 위한 하나님의 섭리이지요. 그러나 네 가지만은 철저하게 금하였는데 바로 우상의 제물과 피와 목매어 죽인 것과 음행입니다(행 21:25).

신약 시대에 우상의 제물과 함께 피를 금한 이유는 무엇일까요? 피는 생명을 의미하기 때문입니다. 그래서 창세기 9장 4절에 "고기를 그 생명되는 피 채 먹지 말 것이니라" 하였고, 레위기 17장 10절 이하에도 피를 먹지 말아야 할 것을 강조하고 있습니다. 11절에 "육체의 생명은 피에 있음이라 내가 이 피를 너희에게 주어 단에 뿌려 너희의 생명을 위하여 속하게 하였나니 생명이 피에 있으므로 피가 죄를 속하느니라" 말씀한 대로 피는 생명을 의미하기 때문에 구약 시대에는 소나 양, 염소나 비둘기의 피를 흘려 죄를 용서받을 수 있었습니다. 오늘날은 예수님께서 피를 흘려 주셨기 때문에 우리가 믿음으로 죄를 용서받고 하나님 앞에 나갈 수 있게 되었습니다.

그러면 목매어 죽인 것이란 무엇을 말할까요? 예를 들어, 개와 같은 동물을 말합니다. 사람들이 개를 죽일 때에 목을 매어 죽이는 경우가 많지요. 예로부터 개는 가축 중에서 인간과 가장 밀접한 동물입니다. 한 가족처럼 동거하며 집과 주인을 지켜 주고, 주인의 마음을 헤아려 따르는 동물을 먹이로 삼는다는 것은 옳지 않습니다. 그래서 개와 같이 목매어 죽인 것을 먹지 말라고 강조하는 것입니다.

또한 음행은 성적으로 음란하고 문란한 것으로 믿지 않는 사람들조차 부도덕한 일임을 압니다. 따라서 거룩한 하나님의 자녀된 사람들은 당연히 음행하는 일이 없어야 합니다.

그렇다면 신약 시대에 이방인들에게조차 금한 우상의 제물이란 무엇일까요?

우상이란 사람이 경배의 대상으로 만들어 놓은 어떠한 형상, 또는 사람이 만들지 않았어도 섬기는 해, 달, 별 등을 말하며, 그 앞에 차려 놓은 음식물을 '우상의 제물'이라고 합니다. 그런데 이런 제물도 하나님께서 주신 것입니다. 예를 들어 제사상에 오르는 사과나 배 등은 하나님께서 우리에게 주신 음식이지요. 그러니 다 먹을 수 있으며 성경에도 양심을 위하여 묻지 말고 먹으라 하신 것입니다(고전 10:27). 따라서 본문에서 먹지 말라 한 우상의 제물에는 영적인 의미가 담겨 있습니다.

영적으로 '우상'이란 하나님보다 더 사랑하는 것을 의미합니다. 만일 하나님보다 돈을 더 사랑하여 돈을 벌기 위해 주일에 교회에 나오지 않는다면 돈이 우상이 됩니다. 돈이 우상이 되어 있기 때문에 하나님 말씀에 불순종하는 것입니다. 도박에 빠져 교회 일을 등한시하거나 간음하는 등 하나님께서 싫어하시는 일을 하는 것도 마찬가지입니다. 하나님을 지극히 사랑한다면 주일을 지키지 않거나 하나님 말씀을 어기고 죄를 짓지 않지요.

이렇게 하나님 말씀에 위배되는 행위, 악의 모양을 총칭하여 본문에서는 '우상의 제물'이라고 합니다. 하나님께서는 우상을 가장 싫어하므로 불의, 즉 진리에서 어긋난 것을 우상의 제물이라고 말씀하시는 것입니다.

그러면 영적인 의미가 담긴 우상의 제물을 왜 먹는다고 표현했을까요? 성경에 보면 "인자의 살을 먹지 아니하고 인자의 피를 마시지 아니하면 너희 속에 생명이 없느니라"(요 6:53) 하시고 "내가 곧 생명의 떡이로라"(요 6:48) 하시는 등 진리를 듣고 마음에 양식 삼아 행하는 것을 "먹고 마신다."고 표현합니다. 그래서 불의 또한 먹는다는 표현을 하였고, '우상의 제물을 먹지 말고 버리라.'고 말씀하시는 것입니다.

이처럼 우리가 우상의 제물이 무엇을 의미하는지 아는 만큼 진리의 지식이 깊어집니다. 또한 하나님 말씀을 듣고 진리를 배워 갈수록 악과 불의가 무엇인지 압니다. 그런데 본문에 지식은 교만하게 한다 했습니다. 그러면 우상의 제물이 무엇인지 모르는 것이 옳을까요? 그렇지 않지요. 밝히 알아야 먹지 않을 수 있습니다.

여기서 지식이란 어떠한 것을 배워 머리에 입력해 놓은 상태를 말합니다. 진리를 들어서 머리로 알고만 있으면 자신을 교만하게 만듭니다. 그러면 어떻게 해야 할까요?

성경에는 진리를 단순히 머리에 입력하는 데에 그치는 것이 아니라 "먹으라."고 했습니다. 출애굽기 12장을 보면 어린 양을 불에 구워 먹되 머리와 정강이와 내장을 통째로 먹으라 했지요. 어린 양은 영적으로 예수님을 칭하며, 하나님 말씀을 의미합니다.

그러니 진리인 성경 66권 말씀을 먹으라는 것입니다. 음식물을 섭취해야 생명을 유지하듯이 하나님 말씀을 마음에 양식 삼아야 영혼이 살아갈 수 있습니다. 머리에 지식으로 담는 것이 아니라 하나님 말씀을 먹어 소화해야 하는 것입니다. 이렇게 말씀을 마음에 양식 삼은 사람은 말씀을 지켜 행하므로 교만해질 수 없습니다. "섬기라, 사랑하라." 하신 대로 순종하는데 어찌 교만하겠습니까?

익은 벼가 고개를 숙이듯 영적으로 깊이 들어가면 자연히 머리를 숙입니다. 겸손하고 온유해지며 고린도전서 13장의 영적인 사랑이 임합니다. 이렇게 사랑이 임한 사람에게서는 그 안에서 상대를 포용할 수 있는 덕이 나옵니다. 영적인 사랑은 상대에게 기쁨과 생명, 그리고 소망을 주기 때문에 덕을 세우는 것입니다.

> 만일 누구든지 무엇을 아는 줄로 생각하면 아직도 마땅히 알 것을 알지 못하는 것이요 8:2

사람들은 무엇을 배우면 "자신이 좀 안다."고 여깁니다. 초등학교, 중 고등학교 과정을 거쳐 대학교에 입학하여 지식을 더해갈수록 자신이 무엇인가 많이 아는 것처럼 느낍니다. 그런데 막상 대학교를 졸업하고 사회에 나와 보면 전문가 소리 한번 듣기 어렵습니다. 또한 연구실에서 뭔가 탐구한다 해도 끝없는 학문의 세계에 대한 경이

로움만 쌓일 뿐입니다. 결국 내가 아는 지식이 정작 아무것도 아니라는 것을 느끼지요.

여러분이 만일 우상의 제물에 대해, 즉 어느 것이 불의이고 죄인지 등을 온전히 안다면 이미 성결하고 하나님과 교통하며 마음에 소원을 품기만 해도 응답받을 수 있어야 합니다. 아직 그렇지 못하다면 안다 해도 사실은 온전히 알지 못하는 것입니다.

진리를 지식으로만 아는 것이 아니라 깨우쳐 행하는 사람은 "하나님은 위대하시다. 영적 세계가 이렇게 한이 없구나." 하며 영적 세계로 들어갈수록 그 세계가 무한함을 느낍니다.

악은 모양이라도 버리고 마음 안에 온전히 진리로 채워진 믿음의 단계를 '온 영'이라 합니다. 믿음이 성장하여 온 영의 단계에 이르면 완전한 자리에 들어온 것으로 생각하기 쉬운데 오히려 그때부터가 시작입니다. 세상에서도 박사 학위를 취득한 후 더 깊은 단계의 연구를 시작하지요. 마찬가지로 온 영으로 들어오기까지 배운 것을 공식 삼아 모든 부문에 적용하여 해답을 얻으며 더 깊이 들어갑니다.

수학 공식을 자유자재로 적용할 수 있다면 어떤 문제도 풀 수 있듯이 하나님의 66권 말씀을 대입하는 데에도 무한의 차원이 있습니다. 이 차원을 알면 알수록 자신이 아는 것이 얼마나 적은 것인지 깨닫습니다. 천지의 무한함과 모든 것을 포용하는 하나님의 마음을 조금이나마 이해하게 되며 그 앞에 겸손할 수밖에 없지요.

이런 단계에 이른 것이 아니고, 하나님 말씀 중에 작은 것 하나도 온전히 실천하지 못하면서 '저것은 내가 들어서 안다.' 하는 것은 교만입니다. 진정 진리를 안다면 말씀대로 지켜 행합니다. 미움, 시기, 질투, 간음, 거짓 등을 버리고 하나님을 닮은 아름다운 마음으로 변화되지요. 겸손히 머리 숙이는 섬김과 순종, 사랑의 사람이 되는 것입니다.

또 누구든지 하나님을 사랑하면 이 사람은 하나님의 아시는 바 되었느니라 8:3

이 말씀은 잠언 8장 17절의 "나를 사랑하는 자들이 나의 사랑을 입으며 나를 간절히 찾는 자가 나를 만날 것이니라" 하신 말씀과 같습니다. 요한복음 14장 15절에 "너희가 나를 사랑하면 나의 계명을 지키리라" 하신 대로 하나님을 사랑하는 것은 계명을 지키는 것입니다.

계명을 지켜 나가면 그만큼 하나님의 마음과 뜻을 알 수 있습니다. 그만큼 그분의 마음과 뜻을 좇아 행하니 하나님과 교통을 할 수 있지 않겠습니까? 우리가 하나님 뜻대로 행하는 만큼 하나님과 교통합니다. 즉, 하나님의 아시는 바가 되는 것입니다.

만물은 하나님으로 말미암은 것

그러므로 우상의 제물 먹는 일에 대하여는 우리가 우상은 세상에 아무것도 아니며 또한 하나님은 한 분밖에 없는 줄 아노라 8:4

우상의 제물을 먹는다는 것은 불의, 악, 죄를 버리지 않고 행한다는 말입니다. 여러분도 진리 안에 들어오기 전에는 열심히 우상의 제물을 먹고 살았을 것입니다. 그때에는 우상의 제물을 먹을수록 더 똑똑해 보이기도 하지요. 세상에서는 거짓말할 줄 모르고 온유하면 바보라는 말을 듣기도 하고, 자신이 아는 것을 스스로 나타내고 자랑해야 알아주기도 합니다.

그러나 하나님 앞에 나와 진리를 알고 나면 우상의 제물이 아무것도 아님을 압니다. 그것이 나를 세우는 것도 아니고 해 아래서 수고하는 모든 것이 헛되다 말씀하신 대로 재물과 명예와 권력, 지식이 다 헛되고 헛되며 아무것도 아니라는 사실을 깨닫습니다.

또한 하나님은 한 분밖에 없음을 압니다. 세상에는 '신(神)'이라 하는 것이 많지만 그것은 우리에게 복을 주거나 천국으로 인도하지 못합니다. 우리에게 천국을 주고 축복과 행복을 주시는 분은 하나님 한 분밖에 없습니다. 이것을 안다면 우상의 제물은 아무것도 아니니 당연히 버려야 하지 않겠느냐는 것입니다.

비록 하늘에나 땅에나 신이라 칭하는 자가 있어 많은 신과 많은 주가 있으나 그러나 우리에게는 한 하나님 곧 아버지가 계시니 만물이 그에게서 났고 우리도 그를 위하며 또한 한 주 예수 그리스도께서 계시니 만물이 그로 말미암고 우리도 그로 말미암았느니라 8:5-6

하늘에 있는 해나 달, 북두칠성, 북극성 등을 신으로 섬기거나 천하대장군, 지하여장군 등 여러 우상을 신으로 섬기는 사람이 많이 있습니다. 그러나 이러한 것들은 살아 있는 것도, 우리를 구원하거나 응답하는 것도 아닙니다.

"새긴 우상은 그 새겨 만든 자에게 무엇이 유익하겠느냐 부어 만든 우상은 거짓 스승이라 만든 자가 이 말하지 못하는 우상을 의지하니 무엇이 유익하겠느냐 나무더러 깨라 하며 말하지 못하는 돌더러 일어나라 하는 자에게 화 있을진저 그것이 교훈을 베풀겠느냐 보라 이는 금과 은으로 입힌 것인즉 그 속에는 생기가 도무지 없느니라 오직 여호와는 그 성전에 계시니 온 천하는 그 앞에서 잠잠할지니

라”(합 2:18-20)

새긴 우상에는 생기가 없습니다. 오직 하나님만이 살아 계셔서 음성으로, 꿈으로, 이상으로 말씀하며 기도에 응답하십니다. 그 하나님께서 만물을 창조하셨습니다. 그래서 우리는 그분을 위하며 경배하고 섬깁니다.

만물을 하나님께서 지으시되 예수 그리스도로 말미암아 지으셨습니다. 요한복음 1장 3절에 “만물이 그(예수)로 말미암아 지은 바 되었으니 지은 것이 하나도 그가 없이는 된 것이 없느니라” 말씀한 대로 예수 그리스도로 말미암아 창조된 것이지요. 더구나 우리는 예수 그리스도 까닭에 하나님의 자녀가 되었으므로 당연히 예수 그리스도로 말미암은 것입니다.

죄임을 알면서 계속 죄를 지으면

그러나 이 지식은 사람마다 가지지 못하여 어떤 이들은 지금까지 우상에 대한 습관이 있어 우상의 제물로 알고 먹는 고로 그들의 양심이 약하여지고 더러워지느니라 8:7

"이 지식"이란 하나님의 뜻을 말하는데, 즉 성경 66권 진리 말씀을 의미합니다. 초신자나 믿음이 없는 자, 믿음이 있어도 온전히 하나님의 뜻을 알지 못하는 사람은 이러한 지식이 완전하지 못합니다. 믿음이 깊이 성장해야 어떠한 것이 하나님 뜻인지, 진리인지 비진리인지 분별할 수 있습니다. 이러한 지식이 조금도 없거나 약간 있는 사람, 더 많이 있는 사람 등 저마다 다릅니다. 안다고 해도 완전히 아는 것이 아니고 부분에 불과하기 때문에 "이 지식은 사람마다 가지지 못하여"라고 기록한 것입니다.

"어떤 이들"이란 믿음이 없는 사람, 또는 믿음이 적은 사람을 가리킵니다. "우상에 대한 습관이 있었다."는 것은 진리 안에 들어오기 전에 죄와 불의, 악의 습관이 있었다는 말씀입니다. 하나님 안에 들어와서도 초신자나 진리로 무장되어 있지 않은 사람은 여전히 습관대로 거짓말하거나 혈기 부리고 도적질하고 간음합니다. 이러한 습관을 버리려고는 하지만 버리지 못하니 항상 마음이 곤고하고 괴롭습니다.

예컨대 간음을 한 사람이 교회에 와서 예배드릴 때 마음이 떳떳하지 못하니 목사님 얼굴을 제대로 보지 못합니다. 설교 시간에 목사님 얼굴을 똑바로 보지 못하고 고개를 숙이고 있다가 졸음으로 빠지는 경우도 있지요. 사단에게 마음을 내주니 여전히 간음합니다. 이에 대해 우상의 제물인 줄 알면서도 습관이 되어 먹으니 양심이 더러워졌다고 말씀합니다.

요한일서 3장 21-22절에 보면 "사랑하는 자들아 만일 우리 마음이 우리를 책망할 것이 없으면 하나님 앞에서 담대함을 얻고 무엇이든지 구하는 바를 그에게 받나니 이는 우리가 그의 계명들을 지키고 그 앞에서 기뻐하시는 것을 행함이라" 말씀합니다.

하나님의 계명을 지키고 말씀대로 살아가는 사람은 담대함을 얻습니다. 그러니 담대하게 기도할 수 있고 무엇이든지 구하는 것마다 응답받지요. 계명을 지킬 때에는 이처럼 마음이 떳떳하고 담대해지지만 우상의 제물인지 알면서 먹을 때에는 마음이 약해지고 양심이 더러워지는 것입니다.

제사상에 놓였던 우상의 제물을
어떻게 할 것인가

식물은 우리를 하나님 앞에 세우지 못하나니 우리가 먹지 아니하여도 부족함이 없고 먹어도 풍성함이 없으리라 8:8

하나님은 조물주이시고 우리는 피조물입니다. 우리가 먹을 수 있는 식물을 포함한 자연계 역시 하나님께서 지으신 것입니다. 이러한 것들은 우리 사람을 위해 창조되었습니다. 그러니 식물은 우리를 하나님 앞에 세워 주거나 신앙에 아무 도움을 줄 수 없다는 말씀입니다.

진리 안에 들어온 사람은 우상의 제물을 먹지 않아도 부족함이 없지만 세상 사람은 우상의 제물을 먹지 않으면 안 될 것처럼 생각합니다. 그래서 하나님을 믿으면 술, 담배를 끊어야 하니 무슨 재미로 사느냐 묻기도 하지요.

춤추는 사람은 춤을 추지 않으면 낙이 없을 것같고 노름이나 낚시, 골프, 그 밖의 세상 오락을 즐기는 사람은 그것을 하지 않으면 사는 재미가 없다고 생각합니다. 그러나 우리는 세상 오락을 하지 않아도 참 만족을 누리며 오히려 성령 충만함 가운데 항상 기쁘고 감사하며 즐겁게 살아갈 수 있습니다.

또한 진리 안에 들어온 사람은 세상 오락을 한다 해도 즐거움이 없습니다. 그것은 결국 썩을 것이요, 무익한 것임을 알기 때문입니다. 그러한 것은 우리를 영생의 길로 인도할 수 없기 때문에 성경은 오직 하나님 말씀을 먹고 마시라고 합니다.

요한복음 6장 53절에 "인자의 살을 먹지 아니하고 인자의 피를 마시지 아니하면 너희 속에 생명이 없느니라" 말씀합니다. 또 출애굽기 12장에 보면 어린 양을 통째로 먹으라 하여 어린 양이신 예수 그리스도, 즉 성경 66권 말씀을 이것저것 가리지 말고 다 먹으라고 가르칩니다. 그러면 참된 영적인 배부름을 얻기 때문입니다.

> 그런즉 너희 자유함이 약한 자들에게 거치는 것이 되지 않도록 조심하라 지식 있는 네가 우상의 집에 앉아 먹는 것을 누구든지 보면 그 약한 자들의 양심이 담력을 얻어 어찌 우상의 제물을 먹게 되지 않겠느냐 8:9-10

너희, 곧 하나님 뜻을 알고 진리를 아는 자들에게 말씀합니다. 약한 자들이란 7절에 믿음이 없는 이들, 혹은 초신자나 믿음이 적은 이들을 가리킨다고 했지요.

예를 들어 제가 술집에 갔다고 합시다. 이는 전도나 심방하기 위해

간 것이지 술을 마시러 가지는 않았을 것입니다.

그런데 진리 안에 살지 못하는 어떤 성도님이 우연히 보았습니다. "목사님도 술집에 가시네. 그래도 되나 보다." 하며 술집에 출입한다면 제 탓으로 상대가 실족한 것입니다. 저는 믿음이 있기 때문에 어느 곳에 있든지 마음 빼앗기지 않고 죄짓지 않을 수 있지만 그렇지 못한 사람은 오해하여 죄를 지을 수 있습니다.

또 다른 예를 들면 저는 하나님을 알기 전에 바둑을 무척 좋아했습니다. 그러나 교회를 개척하고 나서는 귀한 시간을 허비할 수 없어 두지 않다가 한번은 교육을 마친 후 휴식 시간에 성도들과 잠시 바둑을 둔 적이 있습니다. 하지만 초신자나 믿음 없는 사람들 앞에서였다면 바둑을 두지 않았을 것입니다.

만일 믿음 없는 사람이 보고 이를 본받아서 바둑에 심취한다면 기도를 쉬거나 주일 예배를 드리지 않을 수도 있습니다. 그러니 믿는 사람의 자유가 약한 자들에게 거치는 것이 되지 않도록 늘 조심해야 합니다.

그러면 네 지식으로 그 약한 자가 멸망하나니 그는 그리스도께서 위하여 죽으신 형제라 이같이 너희가 형제에게 죄를 지어 그 약한 양심을 상하게 하는 것이 곧 그리스도에게 죄를 짓는 것이니라 그러므로 만일 식물이 내 형제로 실족케 하면 나는 영원히 고기를 먹지 아니하여 내 형제를 실족지 않게 하리라 8:11-13

나에게는 하나님의 뜻을 아는 지식이 있어서 그렇게 하였지만 내 탓으로 약한 사람이 멸망합니다. 즉 죄를 짓습니다. 믿음이 약한 사람도 나의 형제입니다. 예수님은 나뿐만 아니라 그들을 위해서도 십자가에 달리신 것입니다. 이렇게 우리는 다 같은 형제인데 나 때문에 형제가 실족하면 안 되지요.

나 때문에 형제가 죄를 지은 것은, 곧 내가 죄를 지은 것과 마찬가지입니다. 우리 영혼을 위해 주님께서 십자가에 못 박혀 희생하셨는데 나 때문에 형제가 죄를 지었으니 곧 내가 그리스도께 죄를 지은 것입니다.

13절에 "그러므로 만일 식물이 내 형제로 실족케 하면 나는 영원히 고기를 먹지 아니하여 내 형제를 실족지 않게 하리라"고 하였습니다.

나에게는 우상의 제물을 먹을 수 있는 믿음이 있지만 상대가 나 때문에 실족한다면 차라리 고기를 먹지 않겠다는 것입니다. 내 이익만을 구하지 않겠다는 말입니다.

비유를 들어 보겠습니다. 제사상에 있던 음식도 하나님이 주신 식물입니다. 믿음으로 먹으면 죄가 되지 않습니다. 그런데 믿음이 약한 사람이 내가 그 음식을 먹는 것을 보고 같이 먹습니다. 그러면서 마음속으로 자신이 우상의 제물을 먹으니 죄를 짓는다고 생각하면 실제로 죄가 됩니다. 그런 경우에는 상대를 위해 먹지 말아야 하지요.

그러면 명절이 되어 고향에 갔는데 믿지 않는 가족이 제사를 지낸

후 음식을 먹을 때 어떻게 해야 할까요?

제사 지낼 때 절을 하는 것은 우상 앞에 경배하는 것이어서 절대로 하면 안 됩니다. 제사상 앞에서 절을 하지 않고 대신 선 채로 기도를 하면 됩니다. 제사상은 귀신이 경배받는 것이기에 그 앞에서 머리를 숙이는 것도 좋지 않습니다. 눈을 살짝 감고 하나님께 "이 가정에서 원수 마귀를 물리쳐 주시고 가정 복음화될 수 있도록 응답해 주세요."라고 기도하면 되지요.

제사상에 나온 음식을 물론 먹지 않으면 좋겠지만 먹어야 할 경우에는 믿음으로 먹으면 됩니다. 만일 먹지 않으면 가족의 심기가 불편해지고 화목이 깨질 수 있으니 전도하기가 어려워집니다.

또 다른 경우로 나는 우상의 제물을 먹을 믿음이 있어 먹으려고 하는데 옆에 있는 사람이 "그것은 우상의 제물이다."라고 알려 준다면 먹지 말아야 합니다. 상대는 우상의 제물을 먹지 말아야 한다고 생각하고 알려 주는 것이니 그를 위해서 먹지 말아야 하는 것입니다.

이렇게 나를 희생해서라도 상대의 이익을 구하고 형제가 죄짓지 않도록 해야 합니다. 그러기 위해서는 영의 사람이 되며 빛 가운데 살아야 하지요.

9장
사도의 길

사도의 권리를 쓰지 않은 이유

값없이 전하고 권리를 다 쓰지 않음에 상급이

모든 사람에게 종이 된 이유는

이와 같이 달음질하라

사도의 권리를 쓰지 않은 이유

내가 자유자가 아니냐 사도가 아니냐 예수 우리 주를 보지 못하였느냐 주 안에서 행한 나의 일이 너희가 아니냐 9:1

하나님께서는 인간에게 자유 의지를 주셨습니다. 아담에게도 선악과를 따먹거나 따먹지 않을 자유 의지를 주셨고 다만 따먹었을 때에는 반드시 죽을 것이라고 가르치셨습니다. 이처럼 자유 의지를 주셨기에 우리가 하나님을 믿는 것도, 믿지 않는 것도 자유입니다.

사도 바울도 자유자입니다. 핍박을 받으면서 하나님 일을 열심히 하는 것도 그렇지 않은 것도 자유이며, 먹거나 마시는 것도 다 자유입니다.

바울은 이렇게 자유자인 동시에 또한 사도입니다. 사도는 앞에서 말씀했듯이 하나님 뜻을 온전히 좇아 죽기까지 순종하며 하나님의 살아 계심을 증거하여 영광 돌리는 종입니다. 하나님께서 함께해 주시므로 마가복음 16장에 말씀한 대로 표적이 따르지요.

기사(奇事)와 표적을 통해 살아 계신 하나님께 영광 돌리며 양 떼를 참 믿음과 영생의 길로 인도하는 주의 종에게 참된 사도의 자격이 있습니다. 사도 바울은 자신을 자유자이면서도 내 마음대로 하지 않는 사도라고 말합니다.

사도 바울은 주님을 만난 이후부터 하나님과 동행하는 삶을 살았습니다. 항상 기도하고 응답받고 체험하는 가운데 하나님을 만났습니다. 이것을 예수 그리스도를 보았다고 표현합니다.

그는 자유자이지만 사도이기 때문에 자신의 뜻대로 하지 않고 주 안, 곧 온전히 하나님의 뜻과 진리 안에서 행했습니다. 열심히 복음을 증거하여 고린도 교인들을 낳았습니다. 이렇게 주 안에서 행한 나의 일이 열매로 나타난 것이 너희가 아니냐고 말합니다.

다른 사람들에게는 내가 사도가 아닐지라도 너희에게는 사도니 나의 사도 됨을 주 안에서 인친 것이 너희라 9:2

사도 바울은 고린도교회 교인들에게 복음을 심어 주었고 기사와 표적을 통해서 하나님을 믿고 영생의 길로 가도록 인도하였습니다. 이렇게 복음으로 낳은 그들에게 바울 자신은 분명히 사도라는 말입니다.

그러나 하나님을 알지 못하는 이방인들은 사도의 의미를 모르므로 사도라 인정할 수 없을 것입니다. 믿는다 할지라도 진리를 모르거나 고린도교회 교인이 아닌 사람은 "네가 어떻게 사도가 되느냐?"라고 따져 물을 수도 있습니다. 왜냐하면 "바울은 할례를 못하게하니까 잘못 되었다, 이단이다." 하는 등 이런저런 거짓 소문이 있었기 때문입니다.

그러나 고린도교회에서는 사도 바울이 직접 하나님 말씀을 심었습니다. 교인들이 그 꼴, 즉 말씀을 잘 먹었다면 당연히 그들의 사도임을 인정할 수밖에 없습니다. 이를 고린도 교인들이 바울을 사도로인쳤다 하는 것입니다.

나를 힐문(詰問)하는 자들에게 발명(發明)할 것이 이것이니 우리가 먹고 마시는 권(權)이 없겠느냐 우리가 다른 사도들과 주의형제들과 게바와 같이 자매 된 아내를 데리고 다닐 권이 없겠느냐 어찌 나와 바나바만 일하지 아니할 권이 없겠느냐 9:3-6

고린도교회 안에서뿐 아니라 다른 데에서도 마찬가지였습니다. 바울을 시기 질투하거나 진리를 알지 못해서 그를 힐문하는 사람이 있었습니다. "왜 바울은 결혼하지 않느냐? 왜 이것을 먹느냐? 왜 저것을 먹지 않느냐? 왜 할례를 못하게 하느냐?" 등 이런저런 말로 트집잡는 사람들이 있었지요.

예수님 제자 중에 가룻 유다가 있는 것같이, 사도 바울이 아무리잘 가르치고 기사와 표적으로 하나님의 살아 계심을 확실히 증거했어도 그 가운데에는 배신자나 시기 질투하며 받아들이지 않는 악한 사람이 있었습니다. 이렇게 트집을 잡는 그들에게 사도 바울이 설명하는 것입니다.

4절에 '우리'라고 복수를 쓴 것은 함께 다니는 바나바와 다른 동역자들 중에서 합당한 사람을 포함하는 의미입니다. "먹고 마시는 권이 없겠느냐"는 것은 자유자이기에 먹고 마실 수 있고 마음대로 할 수 있다는 말입니다. 또한 다른 사도들이나 주의 형제들이나 게바처럼 결혼하여 아내를 데리고 다닐 권리가 없어서 그렇게 하지 않는 것이 아니라고 말합니다.

'다른 사도들'이란 예수님의 열두 제자도 있거니와 그 외에 사도라 칭할 수 있는 사람을 말합니다. '주의 형제들'이란 야고보, 요셉 등 예수님의 동생들을(마 13:55) 말합니다. 게바는 베드로로서 예수님의 수제자이기 때문에 특별히 기록한 것입니다.

아내를 데리고 다닌다 해서 한가로이 여행 삼아 다녔다는 말이 아니라 유월절이나 회의석상 등에 초대받아 함께 간 것을 말합니다. 사도 바울과 바나바에게도 이런 권리가 있었지만 그렇게 하지 않았습니다. 그들에게도 휴식을 취하며 쉬엄쉬엄 일할 권리가 왜 없겠습니까? 주님과 영혼들을 사랑하기 때문에 쉬지 않고 일한 것입니다.

누가 자비량(自備糧)하고 병정을 다니겠느냐 누가 포도를 심고 그 실과를 먹지 않겠느냐 누가 양 떼를 기르고 그 양 떼의 젖을 먹지 않겠느냐 내가 사람의 예대로 이것을 말하느냐 율법도 이것을 말하지 아니하느냐 모세 율법에 곡식을 밟아 떠는 소에게 망을 씌우지 말라 기록하였으니 하나님께서 어찌 소들을 위하여 염려하심이냐 전혀 우리를 위하여 말씀하심이 아니냐 과연 우리를 위하여 기록된 것이니 밭 가는 자는 소망을 가지고 갈며 곡식 떠는 자는 함께 얻을 소망을 가지고 떠는 것이라 9:7-10

군대 갈 때에 먹을 양식을 가져가거나 스스로 돈을 벌어 생활하지는 않습니다. 군대에서 먹여 주고 입혀 주고 잠자리를 마련해 줍니다. 그런데 사도 바울은 자비량, 곧 스스로 돈을 벌어 하나님 일을 하기 때문에 이렇게 질문하는 것입니다.

포도를 심는 것은 그냥 보기 좋으라고 하는 것이 아니라 열매를 따기 위해 심습니다. 양 떼를 기르는 것도 젖과 고기, 가죽과 털을 얻기 위해서입니다. 그러면 사도 바울은 왜 이런 비유를 하는 것입니까?

신명기 25장 4절을 보면 "곡식 떠는 소의 입에 망을 씌우지 말지니라" 기록되어 있습니다. 소는 쟁기로 논밭을 갈 뿐만 아니라 맷돌을 돌리거나 곡식을 밟아 떠는 데에도 필요합니다. 그런데 소가 곡식을 떨면서 그것을 먹거나 밭을 갈면서 풀을 뜯어 먹는 경우가 있습니다. 이때 인정없는 주인은 호통을 치며 코뚜레를 당깁니다.

부지런히 일하는 소가 풀을 좀 뜯어 먹었다고 야단치니 소의 입장에서는 주인이 야속할 것입니다. 그러나 이 말씀은 우리 인생을 위하여 준 것이지, 소나 양을 위해 준 것이 아닙니다. 우리 미련한 사람들을 깨우치려고 소를 비유 들어 설명하는 것뿐입니다.

사도나 주의 종이 하나님 말씀을 전하는 목적은 죽어가는 영혼을 구원하여 영생의 길로 인도하기 위해서입니다. 하지만 굶으면서 일할 수는 없기 때문에 그 대가를 받아야 하지 않겠습니까? 신령한 것을 심고 육적인 대가를 받을 수 있다는 것입니다. 구약 율법에도 그렇게 기록되어 있음을 설명합니다.

> 우리가 너희에게 신령한 것을 뿌렸은즉 너희 육신의 것을 거두기로 과하다 하겠느냐 다른 이들도 너희에게 이런 권을 가졌거든 하물며 우리일까 보냐 그러나 우리가 이 권을 쓰지 아니하고 범사에 참는 것은 그리스도의 복음에 아무 장애가 없게 하려 함이로라 9:11-12

사도 바울과 바나바는 신령한 것, 즉 복음을 고린도교회 교인들에게 심었습니다. 그리하여 사망의 길로 갈 그들이 회개하고 주님을 영접하여 영생의 길로 가게 해 주었습니다. 그렇기 때문에 그들로부터 일용할 것을 거둔다 해도 그것이 잘못이라고 할 수 있겠느냐는 것입니다. 그렇다고 해서 실제로 사도 바울이 양 떼로부터 일용할 것을 공급받아 살아간 것은 아니지요.

다른 이들도 복음을 전하고 하나님의 종으로서 교인들로부터 나오는 예물로 생활합니다. 하물며 사도 바울은 친히 고린도교회를 세우고 오랫동안 가르치며 많은 양 무리를 낳았으니 교인들로부터 공궤받는 것이 당연합니다.

그러나 사도 바울과 바나바가 이러한 혜택을 누리지 않는 것은 복음을 전하는 데에 장애가 되지 않게 하려 함이라 했습니다. 사도 바울이 이런 말을 하는 것은 이 문제로 교회에 시험거리가 생겼기 때문입니다. 예를 들어, 양 떼가 "꼭 이렇게 헌금해야 되나?" 하며 시험에 든다면, 양 떼를 통해 공급받는 것이 하나님 앞에 합당한 것이지만 그 권리를 쓰지 않겠다는 것입니다.

성전의 일을 하는 이들은 성전에서 나는 것을 먹으며 제단을 모시는 이들은 제단과 함께 나누는 것을 너희가 알지 못하느냐 이와 같이 주께서도 복음 전하는 자들이 복음으로 말미암아 살리라 명하셨느니라 그러나 내가 이것을 하나도 쓰지 아니하였고 또 이 말을 쓰는 것은 내게 이같이 하여 달라는 것이 아니라 내가 차라리 죽을지언정 누구든지 내 자랑하는 것을 헛된 데로 돌리지 못하게 하리라 9:13-15

성전의 일을 하는 이들이란 교회의 직원을 말하고, 제단을 모시는 이들이란 하나님의 종들을 말합니다. 교회 직원은 성전의 일을 하니 하나님의 것으로 공급받는 것은 당연합니다. 또 하나님의 종들도 제단에서 나오는 것을 나누어 씁니다. 이러한 것은 구약의 제삿법을 보면 자세하게 나옵니다.

이는 신약에서도 동일하게 적용됩니다. 제자들이 전도 여행을 갈 때에 예수님께서 "너희 전대에 금이나 은이나 동이나 가지지 말고 여행을 위하여 주머니나 두 벌 옷이나 신이나 지팡이를 가지지 말라 이는 일꾼이 저 먹을 것 받는 것이 마땅함이니라"(마 10:9-10) 말씀하셨습니다.

금, 은, 동은 물론 입고 있는 옷 외에 따로 옷을 준비하지 말라고 하십니다. 갈라디아서 6장 6절에도 보면 "가르침을 받는 자는 말씀을 가르치는 자와 모든 좋은 것을 함께하라"고 말씀합니다. 그러니 성도 편에서는 가르치는 자에게 좋은 것으로 공급하며 섬겨야 하고 가르치는 자는 그것을 받는 것이 마땅합니다.

사도 바울은 성령의 음성을 밝히 들었기 때문에 사람의 마음을 알았습니다. 고린도교회 교인들에게는 진리 안에 살지 못하였기에 늘 문제와 시험거리가 있었습니다. 그러니 그들에게서 양식이나 돈을 받지 않고 스스로 일하기 원한 것입니다.

자신의 권리를 행사하지 않았고 또 지금까지 말한 것도 자기의 쓸 것을 공급해 달라는 뜻으로 한 것이 아닙니다. 그러기에 "내가 차라리 죽을지언정 누구든지 내 자랑하는 것을 헛된 데로 돌리지 못하게 하리라." 하며 당당히 이 말씀을 가르칠 수 있었습니다.

그렇지만 당시 상황을 우리가 알아야 합니다. 사도 바울이 다른 교회에 가서도 그렇게 했을까요? 다 그렇게 했던 것은 아닙니다. 교회가 감사한 마음으로 자원하여 섬길 때에는 기쁘게 받았습니다. 그러나 고린도교회 교인들은 섬길 줄 모르고 시험거리만 만들므로 차라리 받지 않은 것입니다.

값없이 전하고 권리를 다 쓰지 않음에 상급이

내가 복음을 전할지라도 자랑할 것이 없음은 내가 부득불 할 일임이라 만일 복음을 전하지 아니하면 내게 화가 있을 것임이로라 9:16

우리가 주님을 영접하여 하나님을 알았으면 자신만 천국에 갈 것이 아니라 이웃에도 복음을 전하여 함께 천국으로 인도해야 합니다. 복음 전파는 자랑할 것이 없고 반드시 해야 할 일입니다. 전파하는 그 자체는 자랑이 아니고 주 안에서 자랑할 수 있는 것은 전파했을 때에 얻은 열매들입니다.

많은 영혼을 구원한 것과 하나님께서 함께해 주시는 표적을 보여준 것, 이방인에게 그리스도의 향기를 내거나 어떠한 응답을 받아 하나님께 영광 돌리는 것이 자랑이 됩니다. 복음을 전파하는 일은 성령받은 모든 이에게 주어진 사명입니다.

복음을 전하지 않으면 화가 있다고 했습니다. 이 화에는 두 가지

의미가 있습니다.

먼저는, 선을 알면서 행하지 않았기 때문입니다. 내 형제, 일가친척, 이웃이 지옥으로 가는데도 복음을 전하지 않는다면 물에 빠진 사람을 보고도 구하지 않는 것과 같습니다. 야고보서 4장 17절을 보면 "사람이 선을 행할 줄 알고도 행치 아니하면 죄니라" 하였습니다. 만일 전도하지 않으면 심판 날에 주님 앞에서 할 말이 없지요. 너희 부모 형제, 이웃이 어디 있느냐 물으신다면 어떻게 얼굴을 들 수 있겠습니까?

또 하나는 믿는다 하면서도 복음을 전하지 않는다면 내게 참 믿음과 은혜가 없다는 증거이고, 하나님을 사랑하지 않는 증거입니다. 이러한 증거가 내 안에 있으니 그 자체를 화라 할 수 있지요. 하나님이 기뻐하시는 전도를 하지 않았으니 자신만 구원받고자 한 것이고 성령 충만하지 못한 증거입니다.

내가 내 임의로 이것을 행하면 상을 얻으려니와 임의로 아니한다 할지라도 나는 직분을 맡았노라 그런즉 내 상이 무엇이냐 내가 복음을 전할 때에 값없이 전하고 복음으로 인하여 내게 있는 권을 다 쓰지 아니하는 이것이로라 9:17-18

내 임의로 한다는 것은 자발적으로 한다는 말입니다. 임의로 하나님 일을 하거나 영광 돌리는 것은 하늘나라에서 상급이 됩니다. 또한 이 땅에서도 축복으로 임하지요.

임의로 하지 않는다 해도 사도 바울은 사도의 직분을 맡았으므로 마땅히 복음을 전파해야 합니다. 만일 하나님의 일꾼이 급여나 처우 등에 불평한다든가 더 나아가 사명을 놓는다면 합당치 않습니다.

하나님께 주신 귀한 직분이기에 산간 오지나 섬에 교회를 개척하여 갖가지 어려움을 겪으면서도 끝까지 복음 증거의 사명을 감당하는 목회자들도 있습니다. 그런데 물질이나 어떤 육적인 문제로 직분을 버린다면 심판 날에 어찌 하나님 앞에 설 수 있겠습니까?

사도 바울은 복음을 전할 때 값없이 전하고 대가를 받지 않았습니다. 그래서 자신의 상은 양 떼로부터 당연히 공급받을 권리를 다 쓰지 않은 것이라고 말합니다.

혹자는 하나님의 종이나 교회 직원은 하나님 일만 하므로 상급이 많아 좋겠다고 말합니다. 그러나 성도들이 세상에서 일하고 급료를 받듯이 하나님의 종과 교회 직원도 일한 대가로 하나님으로부터 녹(祿)을 받으니 그 자체가 상이 될 수는 없습니다.

그러면 무엇을 상급으로 받겠습니까? 양 떼가 세상 일을 하고 남은 시간에 하나님 앞에 시간과 물질을 드려 충성하는 것이 상급이 되듯이, 하나님의 종들도 받는 녹보다 넘치게 시간을 드리고 더 많이 기도하고 희생하는 것이 상급이 됩니다.

반대로 녹을 받은 만큼의 일도 해내지 못하면 책망거리가 됩니다. 녹을 받은 것 이상으로 충성 봉사해야 상급으로 주어집니다. 그런데 사도 바울은 넘치도록 충성 봉사했을 뿐만 아니라 양 떼로부터 녹을 받을 권리조차 쓰지 않았기에 이 자체가 상급이 됩니다.

저는 신학교 다니는 동안 교회에서 전도사로 섬기면서 녹을 받지 않았습니다. 그것이 개척하면서 다 축복으로 임하는 것을 체험하였습니다. 개척하여 성도가 얼마 안 되니 하나님께서는 외부 성도들을 통해 넘치게 축복을 주신 것입니다. 단돈 7천 원으로 개척하였지만 두 달이 지나 창립 예배드릴 때에는 강대상, 의자 등 성물이 차고 넘쳤습니다.

복음을 전하는 것은 주의 종뿐 아니라 하나님의 자녀로서 받은 당연한 사명입니다. 주님께서 목마르다고 하신 피 값을 찾아드려야 합니다. 이 사명을 감당하지 못하면 주님 앞에 얼굴을 들 수 없고 할 말도 없는 것입니다.

모든 사람에게 종이 된 이유는

내가 모든 사람에게 자유하였으나 스스로 모든 사람에게 종이 된 것은 더 많은 사람을 얻고자 함이라 유대인들에게는 내가 유대인과 같이 된 것은 유대인들을 얻고자 함이요 율법 아래 있는 자들에게는 내가 율법 아래 있지 아니하나 율법 아래 있는 자같이 된 것은 율법 아래 있는 자들을 얻고자 함이요 9:19-20

사도 바울은 누구에게 매여 있지 않으므로 자유자입니다. 게다가 온전히 진리를 깨우치고 진리 안에 살아가니 "진리가 너희를 자유케 하리라"(요 8:32) 말씀하신 것과 같이 더더욱 자유인입니다.

민음의 반석 위에 서기 전에는 진리가 나를 구속하는 것 같고 하고 싶은 것을 마음대로 할 수 없으니 힘들게 여기기도 합니다. 그러나 반석 위에 서면 말씀을 억지로가 아니라 자연스럽게 지킵니다. 그러니 모든 간구와 기도가 응답되며 기쁨과 평강이 넘칩니다. 이래도 기쁘고 저래도 감사하며 모든 것에 자유를 누리지요. 그러나 사도 바울은 더 많은 영혼을 구원하고자 모든 사람에게 종이 되었다 말합니다.

우리가 믿지 않는 사람들을 구원하려면 그들과 함께해 주어야 합니다. 어떤 분은 성결하기 위해 믿지 않는 사람들을 상대하지 않고 멀리한다고 하는데 결코 그래서는 안 되지요. 믿지 않는 사람들을 멀리하면 어떻게 그들을 구원하겠습니까?

유대인은 하나님을 믿지만 예수 그리스도는 믿지 않는 사람들입니다. 그들 안에 들어가서 예수 그리스도를 심어 주고 성령을 받게 하여 구원으로 인도해야 합니다. 그들과 함께해 주어야 하지요.

20절에 "율법 아래 있는 자들에게는"에서 말하는 율법은 성경 66권 말씀을 의미하는 것이 아니라 구약의 제삿법 등을 말씀합니다. 구약 시대에는 여러 제삿법을 정하여 그대로 지켰습니다. 그런데 신약 시대에 와서는 예수님께서 단번에 화목 제물이 되어 주셨으므로 구약의 제사 대신 영적 산 제사를 드립니다.

예를 들어 구약의 율법에는 "돼지고기를 먹지 말라."(레 11:7-8) 말씀합니다. 이러한 말씀은 신약에 와서는 지켜도 좋고 지키지 않아도 상관이 없지요(행 15:28-29). 그러나 유대인은 지금까지 구약의 율법을 철저히 지키기 때문에 예배의 차원이 아닌 행위적인 제사를 드립니다. 사도 바울은 주님을 영접한 후 그러한 행위적인 율법에 매이지 않았으나 그들을 구원하기 위해 동행하며 참된 진리와 예수 그리스도를 전파한다는 말씀입니다. 소금이 음식물 등 이곳저곳에 들어가 자기를 녹여 맛을 내듯이 사도 바울도 그런 소금이 되어 준 것입니다.

여기서 율법 없는 자란 하나님을 알지 못하는, 믿지 않는 사람을 말씀합니다. 구약은 행위적인 율법이어서 육체의 할례를 합니다. 신약에 이르러서는 행위적인 율법이 아니라 사랑의 율법으로서 마음의 할례를 하여 마음을 깨끗하고 정결하게 합니다.

사도 바울은 이렇게 예수 그리스도의 율법 아래 있는 사람으로서 율법을 준행합니다. 하지만 율법 없는 이방인과 같이 된 것은 그들을 이해하고 포용하고 사랑하며 그들의 동료가 되어 예수 그리스도를 심어 주고 빛 가운데로 인도하여 구원하기 위해서입니다.

약한 자들에게는 약한 자와 같이 된다는 것은 그들처럼 병들고 연약해지라는 말씀이 아닙니다. 그들과 함께 어울려 줄 수 있는 마음 됨됨이를 말합니다. 병든 사람에게는 그들의 마음이 되어 위로하고 예수 그리스도를 전해야 합니다. 이렇게 하는 것이 복음에 참여하는 것입니다.

예컨대, 저는 상대의 믿음에 따라 그에 맞는 상담을 해 줍니다. 어떤 사람이 "교통사고가 났는데 가해자가 병원비 100만 원을 주겠다고 합니다. 만일 법적 절차를 밟으면 200만 원을 받을 수 있는데 어떻게 하는 것이 하나님의 뜻입니까?" 하며 상담을 해 왔습니다.

그러면 상대의 믿음에 따라 대답이 달라집니다. 초신자의 믿음이라면 법적인 절차가 죄는 아니므로 그에 따르라고 할 수밖에 없습니다. 만일 치료비만 받으라고 상담해 주면 "내가 상담하지 않고 그냥 법적인 절차를 밟았으면 200만 원을 받았을 텐데, 목사님 말씀이니 순종할 수밖에 없지. 하지만 100만 원 손해봤군." 하고 생각할 수 있습니다.

만일 그가 순종할 믿음이 안 되어 불순종하면 사단이 역사하여 곤고하고 괴로울 것입니다. 그래서 믿음이 없는 사람에게는 죄가 되지 않는 선에서 진리로 답변해 줍니다.

그러나 믿음의 반석에 서 있는 사람이라면 "치료비가 100만 원이니 그냥 100만 원만 받으세요. 후유증이 있다면 믿음으로 기도하여 치료받으면 되지요."라고 할 수 있습니다.

이보다 더 믿음이 좋은 사람이라면 "믿음으로 하나님께 맡겨 치료 받으세요. 그가 실수해서 그런 것이니 그냥 돈 받지 말고 용서해 주세요."라고 답변해 줍니다. 그가 이 말에 순종하면 하나님의 기적을 체험할 것입니다. 믿음 안에서 하나님이 완치해 주시기 때문입니다. 이러한 경우, 병원에서 고통 속에 치료받지 않아도 되고 선한 행함으로 상대에게 그리스도의 향기를 전하니 얼마나 좋습니까?

사람마다 믿음의 분량이 다르며 선과 악의 정도도 다르다는 것을 인정하고 이에 맞추어 대화해야 합니다. 그들의 입장을 이해하며 믿음 상태에 따라 대화해 주어야 하는 것입니다.

그러기 위해서는 남을 나보다 낮게 여기는 마음을 가져야 합니다 (빌 2:3). 상대가 나보다 지식이 적고 배움이 뒤떨어진다면 어떻게 나보다 낮게 여길 수 있을까요? 상대의 지식을 내 지식보다 낮게 여기라는 것이 아니라 그의 위치에서 이해해 주라는 의미입니다. 그도 하나님의 자녀이니 지식이 부족하면 부족한 대로 이해해 주라는 것입니다.

어떤 성도가 혈기가 많으면 많은 대로 이해하고, 거짓말을 하면 그대로 이해하고 포용해 주어야지 그를 상대하지 않고 멀리한다면 그 자체가 교만인 것입니다. 그런 사람에게라도 내가 더 은혜를 주고 믿음을 심어 주며 사랑을 공급할 수 있어야 하지 않겠습니까? 곧 많은 사람을 구원하기 위해 사도 바울과 같이 여러 사람에게 여러 모양으로 대해 줄 수 있어야 하는 것입니다.

이와 같이 달음질하라

> 운동장에서 달음질하는 자들이 다 달아날지라도 오직 상 얻는 자는 하나인 줄을 너희가 알지 못하느냐 너희도 얻도록 이와 같이 달음질하라 이기기를 다투는 자마다 모든 일에 절제하나니 저희는 썩을 면류관을 얻고자 하되 우리는 썩지 아니할 것을 얻고자 하노라 9:24-25

올림픽 경기를 보면 금메달을 따는 사람은 각 종목에서 한 명입니다. 사도 바울은 너희도 이와 같이 금메달을 얻도록 달음질하라 말합니다. 그러려면 우선 경기에 참여해야 합니다. 즉 복음에 참예한 사람이 되어야 하며, 이왕이면 금메달을 따도록 노력해야 합니다.

우리도 천성문을 향하여 출발했습니다. 최종 목표는 금메달, 곧 금 면류관을 받을 수 있는 새 예루살렘이니 그곳을 향해 열심히 전진해야 합니다.

25절에 이기기를 다투는 자마다 모든 일에 절제한다고 했습니다.

예를 들어, 권투 선수는 챔피언이 되기 위해 고된 훈련을 하고 음식을 절제하며 체중을 조절합니다. 우리도 마찬가지입니다. 기도하기 위해 텔레비전 시청을 줄이고 세상 오락이나 야유회 가는 것도 절제하며 하나님께 시간을 드립니다. 혈기나는 것도 절제해야 합니다. 더 나아가 죄를 피 흘리기까지 싸워 버려야 하지요.

그런데 세상 사람이 챔피언이 되고 금메달을 땄다 해도 결국에는 이 땅의 명예일 뿐입니다. 그 영광이 영원한 것도 아니며 더구나 하나님 앞에서는 아무 가치가 없지요. 그러므로 참된 믿음이 있는 사람들은 그러한 것을 부러워하지 않습니다. 오직 천국의 금 면류관, 의의 면류관, 생명의 면류관 등 썩지 않을 영원한 면류관을 얻고자 모든 것을 절제하며 나가는 것입니다.

> 그러므로 내가 달음질하기를 향방 없는 것같이 아니하고 싸우기를 허공을 치는 것같이 아니하여 내가 내 몸을 쳐 복종하게 함은 내가 남에게 전파한 후에 자기가 도리어 버림이 될까 두려워함이로라 9:26-27

달음질을 할 때에는 목표가 있습니다. 마라톤을 할 때에도 분명한 목표 지점이 있고 일정한 코스가 있습니다. 아무리 열심히 뛰었다 해도 정해진 코스를 벗어나 엉뚱한 곳을 달리면 소용이 없습니다. 권투 선수가 경기를 할 때에도 허공을 치면 아무 소용없지요.

이와 같이 우리도 진리 안에서 목표가 분명해야 합니다. 마태복음 7장 21절에 "나더러 주여 주여 하는 자마다 천국에 다 들어갈 것이 아니요 다만 하늘에 계신 내 아버지의 뜻대로 행하는 자라야 들어가리라" 하셨으니 하나님 뜻대로 해야 합니다.

그렇지 않고 단순히 충성 봉사했다 해서 천국에 가는 것도, 신앙의 금메달을 따는 것도 아닙니다. 하나님께서는 우리가 어떤 충성 봉사를 하기 원하실까요? 우선 성결하고 진리 안에서 충성 봉사하기 원하십니다.

어떤 사람은 악을 많이 갖고 있으면서 봉사합니다. 누가 잘하면 시기가 나서 그보다 앞서기 위해 열심을 내거나 자랑하고 들레기 위해서 한다면 하나님께서 기뻐하시겠습니까? 아무리 일을 많이 해도 비진리 안에서 했다면 화평이 깨지며 하나님 영광을 가리고 분쟁과 사단의 역사만 일어납니다.

제가 교회를 개척하기 전, 시장 안에서 가게를 할 때였는데 전도를 아주 열심히 하는 사람이 있었습니다. 그는 돈놀이를 하는데 누가 제때에 돈을 갚지 않으면 길에서 언성을 높이며 심한 욕설을 했습니다. 상스런 욕을 많이 하니 사람들의 손가락질을 받았습니다. 그러면서도 전도는 열심히 합니다. 이렇게 비진리 안에 산다면 하나님 일을 많이 했을지라도 하나님께서 심판 날에 "나는 너를 모른다."라고 하지 않겠습니까? 우리는 분명하게 하나님의 뜻을 좇아 나가야 합니다.

복음을 전해도 내가 진리 안에 살면서 전해야 합니다. 복음을 전하는 사람이 죄악 속에 살면서 "하나님을 믿으라, 이렇게 살아라, 저렇게 살아라." 하면 거짓된 것입니다. 사도 바울은 자신이 전도했을지라도 버림받을까 두려워 자기 몸을 쳐서 진리 안에 복종케 한다고 말씀합니다.

10장
무엇을 하든지 하나님 영광을 위하여

구름과 바다에서 세례를 받고

악을 행하여 멸망한 이스라엘 백성

시험당할 즈음 피할 길을 주시는 하나님

우상 숭배하는 일을 피하라

문자적인 의미의 우상의 제물에 대해

무엇을 하든지 하나님 영광을 위하여

구름과 바다에서 세례를 받고

형제들아 너희가 알지 못하기를 내가 원치 아니하노니 우리 조상들이 다 구름 아래 있고 바다 가운데로 지나며 모세에게 속하여 다 구름과 바다에서 세례를 받고 10:1-2

'형제들'은 믿는 모든 하나님의 자녀를 말합니다. 그들이 진리를 알고 하나님 뜻을 알기 원하며 지금부터 설명하는 것을 알기 원한다는 말이지요.

먼저 "우리 조상들이 다 구름 아래 있고 바다 가운데로 지나며" 말씀했습니다. 여기서 '우리 조상들'이란 출애굽 당시의 이스라엘 백성을 말합니다. 이스라엘 백성이 출애굽할 때에 하나님께서 낮에는 구름기둥으로, 밤에는 불기둥으로 인도하셨습니다.

이스라엘 백성은 출애굽해서 이스라엘과 애굽 사이에 있는 홍해를 지나갔습니다. 하나님께서 동풍이 불게 하여 홍해를 가르시니 좌우에 물 벽이 생겼습니다. 이렇게 하나님께서 길을 내 주시므로 이스라엘 백성이 그 가운데로 마른 땅처럼 건너갈 수 있었습니다.

그렇다면 "모세에게 속하여 다 구름과 바다에서 세례를 받고"라는 말씀의 의미는 무엇일까요?

당시 모세의 인도로 출애굽했으므로 이스라엘 백성은 모세에게 속하였습니다. 구름은 지나가다 비를 내립니다. 그래서 이스라엘 백성이 구름 아래에 있던 것과 바다 가운데로 지나간 것을 '물세례를 받았다.'고 표현합니다.

오늘날 세례를 받을 때 강물에 몸을 담가야 하지만 대부분의 교회는 그럴 만한 여건이 안 되기 때문에 소량의 물로 세례를 대신합니다. 마찬가지로 하나님께서는 이스라엘 백성이 구름 아래 있고 바다 가운데로 지나간 것을 물세례 받은 것으로 인정해 주신 것입니다. 물세례를 받는 것은 죄를 씻는 표시가 되고, 구원받았다는 표시도 됩니다.

다 같은 신령한 식물을 먹으며 다 같은 신령한 음료를 마셨으니 이는 저희를 따르는 신령한 반석으로부터 마셨으매 그 반석은 곧 그리스도시라 10:3-4

이스라엘 백성이 광야에서 먹은 음식은 하나님께서 주신 '만나'입니다. 만나는 사람이 재배하여 얻은 것이 아니고 하나님께서 친히 하늘 문을 열어 내려 주신 것이기 때문에 신령한 식물이라고 말씀합니다. 또한 백성이 물을 원할 때 모세가 반석을 치니 물이 나왔는데, 하나님 능력으로 물이 솟았으니 신령한 음료이지요.

구약은 그림자요, 신약 시대에 실체인 예수 그리스도가 등장하셨습니다. 신령한 식물과 음료는 신약에 와서는 예수 그리스도의 살과 피를 의미합니다. 성경은 주님의 몸을 '산 떡' 혹은 '생명의 떡'으로 비유하였습니다.

예수님께서는 "내 살을 먹고 내 피를 마시는 자는 영생을 가졌고 마지막 날에 내가 그를 다시 살리리니 내 살은 참된 양식이요 내 피는 참된 음료로다" 말씀했지요(요 6:54-55).

계속하여 '이는 저희를 따르는 신령한 반석으로부터 마셨으며'라고 했습니다. 이스라엘 백성이 광야를 지나면서 마실 물이 없자 모세를 원망했습니다. 이에 모세가 기도했습니다.

"내가 거기서 호렙산 반석 위에 너를 대하여 서리니 너는 반석을 치라 그것에서 물이 나리니 백성이 마시리라 모세가 이스라엘 장로들의 목전에서 그대로 행하니라"(출 17:6)

하나님께서 반석을 치라고 명하신 대로 모세가 순종하니 갈라져 물이 나왔습니다. 그래서 사람들이 살 수 있었지요.

이 반석이라는 것은 영적으로 '예수 그리스도'입니다. 반석, 곧 예수 그리스도로부터 물을 마셨다고 하는 것은 오늘날 예수 그리스도의 몸인 말씀을 먹는 것을 의미합니다. 예수 그리스도로 인하여 나온 성경 66권 말씀을 먹는 사람만이 영원한 생명을 얻습니다. 예수님의 살인 진리 말씀을 먹지 않으면 영생을 얻을 수 없지요.

하나님께서 단지 능력을 나타내려고 반석을 치게 하신 것이 아닙니다. 반석을 사전에서 찾아보면 '넓고 편편한 큰 돌 또는 튼튼한 돌'이라고 되어 있습니다. 돌은 단단하고 변하지 않아 다른 것을 받쳐 줄 수 있는 힘이 있습니다. 건물을 지을 때에도 크고 튼튼한 주춧돌을 놓는 일부터 시작하지요.

그러면 예수 그리스도를 반석에 비유한 이유는 무엇일까요?

예수님은 우리 구원의 반석이시지요. 또한 돌이 다른 것을 깨고 부술 수 있는 것과 같이 주님께서도 사망 권세를 깨뜨리고 원수 마귀 사단을 무찌릅니다. 그러므로 예수 그리스도를 반석에 비유하여 말씀한 것입니다.

이 반석을 치니 물이 솟았다는 것은 예수 그리스도를 통하여 물을 공급받아야 우리가 살 수 있다는 의미입니다. 물은 영생수로서 말씀을 뜻합니다. 사람이 물을 마셔야 살아갈 수 있듯이 영적으로는 진리 말씀을 먹어야 영생의 길로 갈 수 있는 것입니다. 하나님의 능력으로는 무엇에서든지 물이 나오게 할 수 있지만 반석에서 나게 하신 것은 이와 같은 영적인 뜻을 표현하기 위해서입니다.

악을 행하여 멸망한 이스라엘 백성

그러나 저희의 다수를 하나님이 기뻐하지 아니하신 고로 저희가
광야에서 멸망을 받았느니라 10:5

출애굽한 이스라엘 백성 중 1세대는 여호수아와 갈렙을 제외하고
광야에서 다 멸망했습니다. 그렇다면 이스라엘 백성이 하나님을 알
았을까요? 만일 모세가 그들에게 "하나님을 믿습니까?" 질문했다
면 그들은 "아멘!" 하였을 것입니다.

열 재앙을 보았고 홍해가 갈라지는 것과 반석을 치니 물이 솟는
것을 목격했습니다. 하나님께서 내려 주시는 만나를 먹었고 낮에는
구름기둥, 밤에는 불기둥으로 인도받았습니다. 그 많은 이적을 본
그들이 살아 계신 하나님을 모를 리 없습니다.

그러나 그들은 광야에서 죽고 말았습니다. 왜 그랬을까요? 하나
님께서는 우리가 하나님을 아는 것으로 구원에 이른다고 말씀하시
지 않습니다(마 7:21). 하나님 말씀대로 행치 않으면 믿음으로 보시

지 않는 것입니다.

이스라엘 백성이 광야에서 신령한 식물과 음료를 먹고 마셨지만 참 믿음 가운데 먹고 마신 것은 아니었습니다. 물이나 먹을 것이 없을 때에는 하나님과 모세를 원망하였습니다. 이렇게 믿음으로 하나님을 기쁘게 하지 못했기 때문에 그들을 버렸다고 말씀합니다.

우리도 마찬가지입니다. 시험 환난이 닥쳤을 때 하나님을 원망한다면 그 믿음이 드러나는 것입니다. 응답이 오면 기뻐하고 감사하다가도 다시 어려운 상황이 되면 힘이 빠지고 기뻐하지 못한다면 하나님께서 믿음이 있다고 인정하실 수 없지요.

그런 일은 우리의 거울이 되어 우리로 하여금 저희가 악을 즐겨한 것같이 즐겨하는 자가 되지 않게 하려 함이니 10:6

거울을 보면 자신의 모습이 깨끗한지 더러운지를 알 수 있습니다. 마찬가지로 성경 66권 말씀을 거울 삼아 자신의 마음을 비추어보면 어떠한지 잘 알 수 있습니다. 내게 있는 시기, 질투, 미움, 판단, 교만 등 갖가지 악이 드러납니다.

구약의 이스라엘 백성이 악을 가까이하여 버림받은 것같이 신약에서도 하나님을 믿는다 하면서 여전히 죄 가운데 살면 하나님은 '나는 너를 모른다' 하실 수밖에 없습니다(마 7:23). 그러므로 마음에 더러운 것이 있으면 신령한 물, 곧 하나님 말씀으로 신속하게 씻어야 합니다.

예를 들어, 교회의 모임에서 다른 사람이 회장이 되면 시기 질투하는 사람이 있는데 그런 사람은 선출되지 않은 것에 감사해야 합니다. 시기한다는 것은 섬길 그릇이 되어 있지 않은 증거이고, 회장이 될 자격이 없는 것이지요.

또 만일 회장을 하던 사람이 다음 선거에서 선출되지 못했다면 그것도 감사할 일입니다. 사명을 잘 감당하지 못한 경우라면 당연한 일이며, 그 회장이 1년 동안 다른 일꾼을 길러 낸 경우라면 더 큰 업적입니다. 그러니 감사할 수 있지요.

저희 중에 어떤 이들과 같이 너희는 우상 숭배하는 자가 되지 말라 기록된 바 백성이 앉아서 먹고 마시며 일어나서 뛰논다 함과 같으니라 저희 중에 어떤 이들이 간음하다가 하루에 이만 삼천 명이 죽었나니 우리는 저희와 같이 간음하지 말자 10:7-8

우상의 영적인 의미는 하나님보다 더 사랑하는 것을 말합니다. 돈을 하나님보다 더 사랑하면 우상 숭배하는 것입니다.

모세가 십계명을 받기 위하여 40일 동안 산에 올라 있을 때에 이스라엘 백성이 금송아지를 만들어 절하고 섬겼습니다. 본문은 이렇게 우상 앞에서 백성이 먹고 마시고 뛰노는 장면을 말씀합니다.

민수기 25장 1-3절에 보면 "이스라엘이 싯딤에 머물러 있더니 그 백성이 모압 여자들과 음행하기를 시작하니라 그 여자들이 그 신들에게 제사할 때에 백성을 청하매 백성이 먹고 그들의 신들에게 절하므로 이스라엘이 바알브올에게 부속된지라 여호와께서 이스라엘에게 진노하시니라” 기록되어 있습니다.

여기서 남자가 모압 여자들과 음행했다고 기록하지 않고 ‘그 백성이’ 음행했다고 했습니다. 백성에는 남녀가 다 포함됩니다. 모압 여자들이 제사할 때에 이스라엘 백성을 초청했습니다. 이스라엘 백성이 참석하여 함께 먹고 모압 여인들의 신들에게 절하므로 그들이 섬기는 바알브올에 부속되었는데, 이것을 간음했다고 하는 것입니다.

민수기 25장 9절에 보면 “그 염병으로 죽은 자가 이만 사천 명이었더라” 기록되어 있는데, 본문 8절에는 이만 삼천 명이라 말합니다. 왜 천 명이 차이 나는 것일까요?

구약에 기록한 것은 하나님을 믿지 않는 이방 여인들과 궤계를 부린 자들이 염병으로 죽은 것을 포함한 숫자입니다. 신약에 와서 사도 바울은 이방인을 기록해야 할 이유가 없으므로 이스라엘 백성의 죽은 숫자만 기록한 것입니다.

간음에는 영적 간음과 육적 간음이 있습니다. 8절에서 말씀하는 것은 영적 간음입니다. 하나님보다 더 사랑하는 것이 우상이며, 믿음이 있는 사람이 우상을 섬기는 것이 영적 간음입니다. 육적 간음이 죄이기 때문에 비유를 들어 영적 간음을 설명합니다.

예를 들어, 만일 어떤 아내(남편)가 자기 남편(아내)을 첫째로 사랑해야 하는데 그러지 않고 다른 남자(여자)를 더 그리워하고 사랑한다면 분명히 간음입니다. 마음속으로만 사랑하고 그리워하니까 간음이 아니라고 할 수는 없습니다(마 5:28).

마찬가지로 이스라엘 백성이 바알브올에 부속되어 먹고 절한 것은 분명히 다른 신을 섬기고 사랑한 것입니다. 하나님은 이것을 간음이라 하셨고 그들에게 저주가 임하여 이만 삼천 명이 죽었습니다. 이렇게 영적 간음은 큰 죄입니다.

물론 육적 간음도 죄입니다. 영적이든 육적이든 간음을 하면 우리도 그들과 같이 하나님께 버림받을 것이므로 간음하지 말자고 말합니다.

저희 중에 어떤 이들이 주를 시험하다가 뱀에게 멸망하였나니 우리는 저희와 같이 시험하지 말자 저희 중에 어떤 이들이 원망하다가 멸망시키는 자에게 멸망하였나니 너희는 저희와 같이 원망하지 말라 10:9-10

사막 지대에는 독한 불뱀이 많이 있지만 하나님이 지켜 주시므로 이스라엘 백성이 광야를 지나면서도 물리지 않았습니다. 그러나 백성이 모세와 하나님을 원망하자 하나님께서 외면하시니 불뱀들이 백성을 물었고 이 때문에 죽을 수밖에 없었습니다.

이에 백성은 모세를 향하여 외쳤습니다. 모세는 하나님께 기도하여 하나님께서 명하시는 대로 놋으로 불뱀을 만들어 달아 놓았습니다. 이를 쳐다보는 사람마다 구원받았지요(민 21장).

이것은 오늘날 십자가의 믿음과 연관된 말씀입니다. 회개하여 십자가를 바라보고 믿는 사람은 구원에 이릅니다. 하지만 아무리 복음을 외쳐도 코웃음 치고 믿지 않는다면 구원받을 수 없지요. 당시에도 믿지 않고 놋뱀을 바라보지 않았다면 죽을 수밖에 없었습니다. 그들이 멸망한 것은 하나님을 원망했기 때문입니다.

9절에 "주를 시험하다가 뱀에게 멸망하였나니"라고 하여 원망하고 탄식하는 것은, 곧 주님을 시험한 것이라고 말씀합니다. 하나님을 원망하고 시험할 때에 하나님께서 용서치 않으십니다.

민수기 14장을 보면 "이스라엘 자손이 다 모세와 아론을 원망하며 온 회중이 그들에게 이르되 우리가 애굽 땅에서 죽었거나 이 광야에서 죽었더면 좋았을 것을 어찌하여 여호와가 우리를 그 땅으로 인도하여 칼에 망하게 하려 하는고" 하고 백성이 원망하는 장면이 나옵니다.

이에 대해 하나님께서 이스라엘 백성에게 말씀하십니다.

"너희 시체가 이 광야에 엎드러질 것이라 너희 이십 세 이상으로 계수함을 받은 자 곧 나를 원망한 자의 전부가 여분네의 아들 갈렙과 눈의 아들 여호수아 외에는 내가 맹세하여 너희로 거하게 하리라 한 땅에 결단코 들어가지 못하리라 너희가 사로잡히겠다고 말하던 너희의 유아들은 내가 인도하여 들이리니 그들은 너희가 싫어하던 땅을 보려니와 너희 시체는 이 광야에 엎드러질 것이요 너희 자녀들은 너희의 패역한 죄를 지고 너희의 시체가 광야에서 소멸되기까지 사십 년을 광야에서 유리하는 자가 되리라"(민 14:29-33)

또 '모세의 보냄을 받고 땅을 탐지하고 돌아와서 그 땅을 악평하여 온 회중으로 모세를 원망케 한 사람 곧 그 땅에 대하여 악평한 자들은 여호와 앞에서 재앙으로 죽었다.' 했습니다.

이렇게 하나님께서는 자신을 원망하는 것은 물론, 하나님의 종 모세를 원망하는 것조차 용서치 않으셨습니다. 하나님을 대신하여 모세를 세웠으니 그를 원망하는 것은, 곧 하나님을 원망하는 것과 같기 때문입니다. 성경 곳곳에 이런 일이 죄를 짓는 것이고, 하나님을 시험하는 것이니 원망하지 말라고 기록하고 있습니다.

저희에게 당한 이런 일이 거울이 되고 또한 말세를 만난 우리의 경계로 기록하였느니라 그런즉 선 줄로 생각하는 자는 넘어질까 조심하라 10:11-12

구약에 기록된 일들은 우리의 거울이 됩니다. 하나님 말씀에 비추어 우상을 섬기거나 간음, 음행, 또는 하나님을 원망하거나 시험하는 일이 없도록 하라는 말씀입니다. 그러한 사람을 하나님께서 용서

하지 않으시기 때문입니다.

하나님은 영원히 변치 않는 분이므로 구약뿐 아니라 오늘날에도 용서가 되지 않으니 이런 일은 결코 하지 말라는 것입니다. 말세인 세상 끝 날에 사는 우리에게 그렇게 해서는 안 된다는 경계로 기록해 놓았다고 말씀합니다.

'그런즉 선 줄로 생각하는 자는 넘어질까 조심하라.' 하셨는데 구약에도 보면 섰다고 하는 교만한 자들이 주동이 되어 원망하고 탄식하고 대항한 것을 볼 수 있습니다. 하나님을 원망하고 대적하는 일 역시 주로 머리된 자들이 일으키게 마련입니다. 이렇게 자신이 선 줄로 아는 사람은 교만한 것입니다.

사실상 우리 가운데 선 사람은 아무도 없습니다. 예수 그리스도를 영접한 뒤 믿음이 생기기 시작하여 장성한 믿음의 분량에 이르면 그제야 대학교를 졸업하는 것과 같습니다. 대학교를 졸업한 후 사회에 진출하여 그동안 배운 학문과 지식을 적용해 갑니다.

마찬가지로 우리가 온전한 믿음에 들어가야 하나님 뜻을 알고 성경 66권 말씀을 안다 할 수 있습니다. 그래서 성경 66권 말씀을 공식으로 하여 세상에 대입하면서 살아갑니다. 그럴 때 하나님 뜻을 좇아 살므로 그분께 영광을 돌리게 됩니다.

이 단계에 들어와 진리를 깊이 알아 갈수록 낮아지고 겸손해집니다. 자신이 아는 것이 극히 적은 분야에 불과하다는 사실을 깨닫기 때문

입니다. 그러므로 우리는 결코 선 줄로 생각하지 말고 계속해서 진리
로 무장해 나갈 때 더 온전히 주님의 마음을 닮아갈 수 있습니다.

시험당할 즈음 피할 길을 주시는 하나님

사람이 감당할 시험밖에는 너희에게 당한 것이 없나니 오직 하나님은 미쁘사 너희가 감당치 못할 시험당함을 허락지 아니하시고 시험당할 즈음에 또한 피할 길을 내사 너희로 능히 감당하게 하시느니라 10:13

믿는 사람이라고 하면 시험들어 넘어질 이유가 없습니다. 하나님은 좋은 분이니 우리를 힘들게 하려고 시험을 주는 것이 아닙니다. 또한 언제나 우리가 감당할 수 있는 시험만을 허락하십니다.

시험에는 두 가지가 있습니다. 첫째, 하나님 말씀 안에 살지 못한 죄, 또는 자신의 욕심 때문에 사단으로부터 받는 시험입니다. 이는 하나님이 주신 것이 아닙니다. 이러한 경우에는 회개하고 돌이키면 되지요.

둘째, 하나님께서 주시는 시험입니다. 이는 사단이 악의 모양이 있는 사람에게 주는 시험과는 달리 축복을 주시기 위한 것입니다. 시험을 통과할 때 축복이 임합니다. 마치 입학시험을 통과하면 그 학교에 들어가 공부할 수 있는 자격이 주어지는 것과 같지요.

하나님께서 아브라함에게 이삭을 바치라 하신 것이 그러한 시험입니다. 이 시험을 받을 때 아브라함은 실족하지 않았습니다. 원망하거나 탄식한 것도 아닙니다. 아브라함이 능히 시험에 통과할 수 있기 때문에 허락하신 것입니다. 믿음으로 통과하니 하나님께서는 "네게 큰 복을 주고 네 씨로 크게 성하여 하늘의 별과 같고 바닷가의 모래와 같게 하리니" 하시며 놀라운 축복을 주셨습니다.

이처럼 하나님께서 시험을 주시는 것은 우리를 축복하며 믿음이 자라나도록 하기 위해서입니다. 시험을 통해 영적으로 성장하고 진리 안에 들어가며 성결과 사랑, 더 큰 믿음의 단계에 들어갑니다. 그래서 영혼이 잘되는 만큼 하나님의 사랑을 받고 위로부터 축복이 주어집니다. 그러니 시험이 오면 감사해야 합니다.

정녕 믿음이 있는 사람은 시험이 왔을 때에 넘어지지 않습니다. 하나님께서 우리에게 세상을 이길 수 있는 정신도, 이성도, 마음도 주셨지요. 그런데 넘어지는 이유는 믿지 못하므로 나약해서 스스로 뒷걸음질치기 때문입니다.

하나님을 경외하고 말씀대로 사람의 본분을 지키는 믿음의 사람은, 어떤 시험이 와도 기뻐하고 기도하며 감사하므로 시험이 물러갑니다. 하나님이 합력하여 선을 이루시니 오히려 축복받지요.

우상 숭배하는 일을 피하라

성경에 보면 "사랑하는 자"라는 표현이 여러 곳에 나옵니다. 이는 그만큼 믿음과 진리 안에 서 있어서 다음에 이어지는 말씀을 받을 수 있는 사람을 일컫습니다. 여기서 "사랑하는 자들아 우상 숭배하는 일을 피하라."고 했는데 우상 숭배하는 일이 무엇일까요?

앞서 7절에는 모세가 시내 산에 올라간 사이 이스라엘 백성이 금송아지 우상 앞에서 먹고 마시며 뛰노는 모습이 나옵니다. 또 8절에서는 이스라엘 백성이 모압 여인들의 신에게 절하는 일이 나옵니다. 9절과 10절에는 주를 시험하고 원망하다가 불뱀에 물려 죽고 광야에서 멸망하는 모습이 나오는데, 이러한 것이 다 우상 숭배입니다.

이렇게 하나님을 온전히 믿지 못하는 데에는 다 이유가 있습니다.

즉 자신의 지식, 권력, 명예 또는 다른 어떤 것을 의지하고 섬기는 우
상이 있는 것입니다. 그래서 하나님을 대적하는 것이지요.

본문에서 "나는 지혜 있는 자들에게 말함과 같이 한다." 했는데
여기서 지혜는 세상 지혜가 아니라 하나님께서 주신 지혜를 말씀합니
다. 하나님을 알고 진리를 알아 깨우치는 것이 지혜의 근본이고 지식
의 근본이 됩니다. 바로 이 하나님 말씀을 아는 지혜를 말씀합니다.
그들이 하나님 말씀을 깨닫고 있으므로 지혜 있는 사람들에게 말함
과 같이 한다는 것입니다.

그런데 성경에는 판단하지 말라고 했건만 왜 "내 이르는 말을 스
스로 판단하라."고 하였을까요? 여기서는 "너희가 진리를 알고 있으
니 이 진리로 분별하라."는 뜻입니다. 아무에게나 이 말을 하는 것이
아니라 지혜를 받은 자에게 말하는 것입니다. 그래서 앞 절에 "사랑
하는 자들아"라는 말을 사용하고 있습니다.

우리가 축복하는 바 축복의 잔은 그리스도의 피에 참예함이 아
니며 우리가 떼는 떡은 그리스도의 몸에 참예함이 아니냐 떡이 하
나요 많은 우리가 한 몸이니 이는 우리가 다 한 떡에 참예함이라
육신을 따라 난 이스라엘을 보라 제물을 먹는 자들이 제단에 참
예하는 자들이 아니냐 10:16-18

우리는 성찬예식 때 주님의 몸인 떡을 먹고 주님의 피인 포도주를 마셔서 그리스도의 몸과 피에 참예합니다. 왜 우리 주님의 몸과 피를 먹고 마시는 것이 축복일까요? 그것이 내 안에 생명이 되며 영생의 길로 가게 해 주기 때문입니다.

성찬예식 때 먹는 떡은 한 개입니다. 떡이 한 개인 것은 예수 그리스도가 한 분이기 때문입니다. 진리도 하나이고, 성경 66권 말씀 이외에 다른 것이 있을 수 없습니다.

이 진리를 먹는 사람은 마음에 진리가 담기니 예수님의 마음이 됩니다. 남녀노소, 직분에 상관없이 모두 하나의 진리의 마음이 되니 한 개의 떡이 될 수 있습니다. 한 몸이 되고 한마음이 되지요. 그래서 "많은 우리가 한 몸이니 다 한 떡에 참예함이라."고 말씀하신 것입니다.

18절에 "육신을 따라 난 이스라엘을 보라 제물을 먹는 자들이 제단에 참예하는 자들이 아니냐"고 했습니다.

이스라엘을 보면 육신을 따라 난 자가 있고, 영을 따라 곧 믿음을 따라 난 자도 있습니다. 믿음을 따라 난 약속의 아들 이삭을 따라 난 자들이 있고, 약속의 아들이 아닌 육신을 따라 난 자들이 있습니다.

육신을 따라 난 이스라엘은, 곧 행위적인 믿음을 가진 사람을 말합니다. 구약에서는 아무리 더럽고 간사하고 미워하는 마음이 있어도 실제로 도적질하고 간음하고 혈기 내고 살인하지 않으면 죄로 여기지 않았습니다.

그러나 신약에 와서 참된 믿음을 가진 사람은 마음에 할례하여 성결케 합니다. 이렇게 성결되므로 행함도 빛과 진리 가운데 나옵니다. 반면 세상과 짝하여 여전히 죄를 버리지 않고 말씀대로 따르지 않으며 교회만 왔다 갔다 하는 사람이 있습니다. 그런 사람을 '육신을 따라 난 이스라엘'이라고 합니다.

그러면 "제물을 먹는 자들이 제단에 참예하는 자가 아니냐"는 말씀의 의미는 무엇일까요?

성경에 보면 모든 죄를 육신의 일, 육체의 일이라 하지요. 이렇게 진리에 위배되는 모든 죄를 우상의 제물이라 하며 육신을 따라 난 이스라엘은 제단에 참여하면서도 여전히 우상의 제물을 먹는 사람들입니다. 즉 하나님의 성전에 나오면서도 여전히 죄악 속에 사는 사람들을 말하는 것입니다.

그런즉 내가 무엇을 말하느뇨 우상의 제물은 무엇이며 우상은 무엇이라 하느뇨 대저 이방인의 제사하는 것은 귀신에게 하는 것이요 하나님께 제사하는 것이 아니니 나는 너희가 귀신과 교제하는 자 되기를 원치 아니하노라 너희가 주의 잔과 귀신의 잔을 겸하여 마시지 못하고 주의 상과 귀신의 상에 겸하여 참예치 못하리라 10:19-21

우상과 우상의 제물을 사도 바울이 성령의 감동으로 비유 들어 설명합니다.

'이방인'이란 믿지 않는 사람을 말합니다. 이들은 귀신에게 제사를 지냅니다. 그들은 조상이 죽어 귀신이 되었다고 알고 그 귀신에게 절합니다. 물론 조상 귀신에게 절해서도 안 되지만 실제로 조상 귀신에게 절하는 것이 아니기 때문에 또 문제입니다.

그러면 조상들은 어디로 갔을까요? 예수 그리스도를 믿은 사람은 낙원에 갔으며(눅 23:43), 믿지 않은 사람은 음부에 갇혀 있습니다(눅 16:23). 그러므로 내가 아무리 제사를 잘 차려 드려도 실제로 경배받는 것은 자기 조상이 아닌 다른 귀신입니다. 구원받지 못하고 죽은 영혼들은 아랫음부에 들어가는데 경배받는 귀신은 그들 중 일부가 특별한 조건하에서 세상에 나오게 된 존재입니다(지옥 책자 참조).

귀신에게 절하는 것은 귀신과 교제하는 행동입니다. 살아 계신 부모님을 공경하여 절하는 것은 우리 마음을 담아 드리는 것이고 부모님은 그 마음을 받습니다. 마음을 주고받으니 교제입니다. 마찬가지로 귀신에게 절하는 것은 귀신과 교제하는 것이니 그런 사람이 되지 않기를 원한다고 말씀합니다.

21절에 '주의 잔과 귀신의 잔을 겸하여 마실 수는 없다'고 하였습니다. 하나님을 섬기는 사람이 어찌 하나님을 대적하는 귀신을 섬길 수 있겠습니까? 또 귀신을 섬긴다면 귀신이 가장 싫어하고 미워하는 하나님을 섬길 리 없지요.

한 사람이 같은 시간에 서로 다른 목적지를 향하여 갈 수 없습니다. 서울을 가든지, 부산을 가든지 해야지 양쪽 다 갈 수 없지요. 마찬가지로 우리가 멸망과 영생의 길을 동시에 갈 수는 없습니다.

그러므로 혹 "나는 믿음이 연약해서 할 수 없어요. 교회에 와서 하나님 앞에 예배드리며 주님의 잔에도 참석하지만 제삿날이 되면 부모의 강요로 어쩔 수 없이 절해요." 하는 사람이 없기를 바랍니다. 이런 일이 결코 있어서는 안 됩니다. 믿음이 조금도 없다는 증거이지요.

믿는 사람은 하나님을 아버지라 하면서 원수 마귀가 원하는 죄와 불법을 저지르고 세상과 짝하며 살 수 없습니다. 진리 안에 살든가 죄악 속에 살든가 둘 중에 하나를 택해야 합니다. 이를 잘 이해하도록 귀신의 잔, 귀신의 상, 제사 등의 육적인 비유를 들어 설명하는 것입니다.

혹여 주님보다 강한 분이 계십니까? 툭하면 하나님을 원망하고, 교회를 떠난다고 하거나 시험하는 사람이 있다면 주님보다 강한 사람입니다. 우리가 어찌 주님보다 강하여 그분을 노엽게 할 수 있겠습니까? 주님을 노엽게 한다는 것은 하나님을 두려워하지 않는다는 증거이고 주님보다 강하다는 뜻입니다. 강하다는 것은 결국 주님을 믿지 못한다는 의미이지요.

살아 역사하시는 주님을 믿는다면 어찌 내가 더 강하다 할 수 있겠습니까? 내가 철저히 깨져 "나는 주님이 주시는 능력 안에서만 강한 자요, 주님이 외면하면 아무것도 할 수 없나이다."라고 고백합니다. 사도 바울의 고백처럼 내 자아는 깨지고 날마다 죽지요.

이렇게 주님 앞에 무릎 꿇고 온전히 믿는 사람은 주님을 사랑하고 진리의 말씀대로 형제를 섬기고 화목하며 살아갑니다. 주님이 싫어하는 죄와 불의와 짝하지 않고 악은 모양이라도 버리는 것입니다. 즉 우상 숭배에 참여하지 않고 우상의 제물을 먹지 않으며 결코 귀신과 교제하지 않는다는 말입니다.

사람이 죄를 짓도록 만드는 것은 원수 마귀 사단입니다. 그러니 우상의 제물을 먹으면 즉, 죄를 짓고 불의 가운데 살아가면 사단과 교제하고 마귀에게 순종하는 것과 같습니다. 이러한 사람은 하나님을 두려워하지 않고 오히려 시험하거나 원망하기 때문에 하나님보다 더 강하다 표현하는 것입니다.

문자적인 의미의 우상의 제물에 대해

모든 것이 가하나 모든 것이 유익한 것이 아니요 모든 것이 가하나 모든 것이 덕을 세우는 것이 아니니 10:23

하나님께서는 사람을 천사처럼 무조건 순종하는 존재로 만들지 않고 자기 임의대로 할 수 있는 자유 의지를 주셨습니다. 그리고 에덴동산에 선악과를 두시고 그것을 따먹으면 멸망의 길로 가며, 따먹지 않으면 영원히 하나님과 동행하며 살 것을 말씀했습니다. 그런데 인간은 자유 의지로 불순종하여 결국 멸망의 길로 가게 되었습니다.

우리가 이렇게 할 수 있고 저렇게 할 수도 있으며 모든 것이 가능합니다. 하지만 하나님 뜻을 좇아 살 때만이 유익한 것입니다. 진리 안에서 살지 못할 때에는 오히려 사망의 길, 멸망의 길로 가지요.

또한 모든 것을 할 수 있다고 그것이 덕을 세우는 것은 아닙니다. 예를 들어 믿음이 있다 하여 장례식장에서 맘대로 찬양하고 웃고 떠들 수는 없습니다. 그러한 곳에서는 그 분위기에 맞추어 슬픔을 위로해 줄 수 있어야 합니다.

믿는 가정에서 상을 당했을 때에는 천국에서 만날 소망의 찬송을 하는 것이 마땅합니다. 하지만 가족 중에 믿지 않는 사람이 있어 불편해한다면 그도 배려해 주어야 하지요. 이는 하나의 예를 든 것이고 다른 분야에서도 모든 것이 가하나 모든 것이 덕을 세우는 것은 아니라는 사실을 알아야 합니다.

누구든지 자기의 유익을 구치 말고 남의 유익을 구하라 무릇 시장에서 파는 것은 양심을 위하여 묻지 말고 먹으라 이는 땅과 거기 충만한 것이 주의 것임이니라 불신자 중 누가 너희를 청하매 너희가 가고자 하거든 너희 앞에 무엇이든지 차려 놓은 것은 양심을 위하여 묻지 말고 먹으라 10:24-27

고린도전서 13장 사랑장을 보면 "사랑은 자기의 유익을 구치 아니하며"라고 하였습니다. 이는 영적인 사랑입니다. 하지만 세상에서의 사랑은 자기 유익을 구하는 육적인 사랑입니다.

나를 철저히 깨뜨려 다른 사람을 위해 희생할 수 있는 마음이 될 때 하나님이 주시는 영적인 사랑이 넘치게 됩니다. 육적인 사랑을 버리고 영적인 사랑으로 바꿀 때 마음이 항상 기쁘고 충만합니다. 이러한 사랑으로 상대의 유익을 구하라 말씀합니다.

무릇 시장에서 파는 것은 양심을 위하여 묻지 말고 먹으라고 말씀합니다. 여기서는 실제로 우상 앞에 차려진 제물을 설명하고 있습니다. 23절의 "모든 것이 가하나"라는 말씀과 연결고리를 이루지요.

우리가 시장에서 물건을 살 때에 "당신은 우상을 섬깁니까?"라고 물어서 '섬긴다.' 하면 발걸음을 돌리지는 않습니다. 또 물건을 팔 때에도 사는 사람에게 우상을 섬기는지를 물어 "당신은 우상을 섬기니까 팔지 않겠습니다."라고 할 수 없거니와 그래서도 안 됩니다. 우상을 섬기는지 안 섬기는지 물어볼 까닭이 없지요. 묻지 말고 사고팔면 됩니다.

마찬가지로 음식을 대할 때에 "이것이 우상의 제물입니까?" 하고 물을 필요가 없습니다. 이 우주 만물은 하나님의 것입니다. 그러므로 묻지 말고 먹으라는 말씀입니다.

또 믿지 않는 사람이 잔치를 벌이거나 음식을 차려 놓고 초청했을 때, "이 상이 우상 앞에 놓았던 상이 아닙니까? 이것이 혹시 우상의 제물 아닙니까?"라고 묻지 말라고 말씀합니다. 다 하나님의 것이고 하나님께서 주신 것이기에 믿음으로 먹을 수 있는 것입니다. 그러나 먹지 않아야 하는 경우도 있는데 다음 절에 설명이 나옵니다.

누가 너희에게 이것이 제물이라 말하거든 알게 한 자와 및 양심을 위하여 먹지 말라 내가 말한 양심은 너희의 것이 아니요 남의 것이니 어찌하여 내 자유가 남의 양심으로 말미암아 판단을 받으리요 만일 내가 감사함으로 참예하면 어찌하여 내가 감사하

불신자가 "내가 듣기로는 믿는 사람은 우상의 제물을 먹지 않는 다고 하던데, 저 사람은 믿는 사람이니 우상의 제물을 대접하는 것이 혹시 실례가 되지 않을까?"라고 생각하여 "이것은 우상의 제물입니다."라고 양해를 구할 때에는 그 음식을 먹지 말라는 말입니다. 물론 하나님께서 주신 것이지만 귀신을 섬기는 제물로 사용된 것이니, 이 사실을 알고서 구태여 먹을 필요는 없습니다.

만일 먹는다면, "교회 다닌다더니 엉터리 신자구나."라고 그 사람이 판단할 수 있습니다. 그 사람의 양심에 의해 판단받으며 하나님 영광을 가리는 것입니다.

우상의 제물이라고 가르쳐 주는 사람은 먹지 말아야 할 것이라는 의도에서 말하는 것이니 당연히 그 사람을 위하여 먹지 말아야 합니다. 또한 우상의 제물인 줄을 알았으므로 먹지 않는 것이 당연하지요.

여기서 '내가 말한 양심'은 우상의 제물이라고 알려 준 사람의 양심을 말합니다. 우상의 제물이라는 말을 듣고도 먹는다면 그것을 알려 준 사람의 양심이 시험에 들어 나를 판단하지요.

내가 먹을 수 있는 믿음이 있고 자유가 있지만 상대가 판단하도록 하면서까지 먹을 필요는 없습니다. 나의 유익을 구하지 않고 상대의 유익을 구해야 하기 때문입니다.

마태복음 5장 39-41절에 보면 "누구든지 네 오른편 뺨을 치거든 왼편도 돌려 대며 … 또 누구든지 너로 억지로 오 리를 가게 하거든 그 사람과 십 리를 동행하고" 하였습니다. 사랑하는 사람뿐만 아니라 사랑하지 않는 사람이 오 리를 가자고 해도 십 리를 가 주는 마음이 되어야 한다는 말씀입니다.

그렇게 해서라도 상대에게 은혜를 주어 그 영혼을 구원해야 하지요. 같은 의미로 상대로 하여금 판단치 않게 하기 위해 우상의 제물이라 알려 준 것은 먹지 않아야 합니다.

'감사함으로 참예한다.'는 것은 양심을 좇아서 진리 가운데 행한다는 의미입니다. 그런데 "이것은 우상의 제물입니다."라고 했는데도 "나는 믿음이 있으니까 괜찮아." 하고 먹는다면 상대는 "교회 다닌다는 사람이 뭐 저래? 하나님을 믿는다면서 먹는 것만 욕심내는 사람이다."라고 비방할 수도 있습니다.

그러니 그러한 경우에는 믿음이 없거나 약한 상대를 위해 먹기를 삼가야 하는 것입니다. 감사함으로 참예해 놓고 상대가 비방하도록 한다면 옳지 않기 때문이지요.

무엇을 하든지 하나님 영광을 위하여

그런즉 너희가 먹든지 마시든지 무엇을 하든지 다 하나님의 영광을 위하여 하라 10:31

명절이 되어 고향에 내려갔습니다. 부모님이 제사 지내는데 나에게도 제사상에 절하기 원한다고 합시다. 이때 부모의 마음을 불편하지 않게 하고자 절을 해서는 안 됩니다. 사전에 지혜롭게 부모님을 설득하여 절을 하지 않도록 해야 합니다.

하지만 음식의 경우는 다릅니다. 가족이 제사 음식으로 상을 차려서 식사할 때 "저는 그 음식을 먹지 못하겠으니 다른 상을 차려 주세요." 하면 부모님이 역정내기 쉽습니다. 화목이 깨지니 전도하기도 어렵지요. 따라서 우상의 제물이어서 먹기 싫어도 부모님을 전도하기 위하여 믿음으로 먹으면 상관없습니다. 하나님이 주신 음식이기 때문입니다. 이러한 것에 관하여 우리는 먹든지 마시든지 무엇을 하든지 자기 유익을 구치 않고 하나님의 영광을 위해 해야 합니다.

유대인은 믿는 사람을, 헬라인은 믿지 않는 이방인을 말합니다. 사도 바울은 자신의 유익을 구치 않았습니다. 모든 것을 할 수 있지만 타인을 위하여 고기를 먹지 말아야 된다면 영원히 먹지 않겠다고 했습니다. 그는 자신을 위해 살지 않았습니다. 할례를 받았지만 할례받지 않은 사람에게는 상대에 맞추어 살았습니다.

이러한 모든 것의 목적은 영혼 구원에 있었고 하나님께 영광 돌리는 데에 있었습니다. 우리도 모든 것을 나의 유익을 위해서가 아니라 하나님 영광을 위하여, 그리고 영혼 구원에 목적을 두고 해야 합니다.

11장
영적 질서에 대하여

너희는 나를 본받는 자 되라

영적 질서에 대하여

신약 시대에 여자가 모자를 쓰지 않아도 되는 이유

변론과 분쟁이 생기는 이유는

성만찬의 참된 의미를 알아야

너희는 나를 본받는 자 되라

내가 그리스도를 본받는 자 된 것같이 너희는 나를 본받는 자 되라 너희가 모든 일에 나를 기억하고 또 내가 너희에게 전하여 준 대로 그 유전을 너희가 지키므로 너희를 칭찬하노라 11:1-2

예수 그리스도께서 하나님 뜻에 죽기까지 순종한 것과 같이 사도 바울도 죽기까지 주님의 뜻에 순종했습니다. 그의 모든 마음과 행함과 뜻이 예수 그리스도를 닮아 진리 가운데 있었던 것입니다.

"너희가 나의 명하는 대로 행하면 곧 나의 친구라."고 주님께서 말씀한 것같이 사도 바울은 예수 그리스도를 닮았고 본받았기 때문에 자신 있게 "너희는 나를 본받는 자 되라."고 말씀합니다. 사도 바울은 언어, 행실 등 모든 것을 진리 안에서 했기에 그를 본받으면 결국 주님을 본받고 하나님을 본받는 것과 다름없습니다.

그러나 사도 바울이 이러한 말을 했다고 해서 목회자들이 성도들을 가르치면서 "나를 본받는 자 되시오."라고 할 수는 없습니다. 하나님 성품을 닮거나 순종하며 살지도 않는 사람이 "나를 닮으라. 나를 본받으라." 한다면 이는 교만입니다.

그러나 사도 바울과 같이 진리에 비추어 한 점 부끄러움이 없이 온 전히 주님 마음이 되어 하나님의 뜻 안에 산다면 나를 본받으라고 가르칠 수 있지요.

사도 바울은 먹으나 마시나 입으나 오로지 하나님 영광을 위하여 살았습니다. 예수 그리스도를 위해서는 생명도 귀히 여기지 않았고 매를 맞고 어떠한 핍박과 환난을 당해도 기뻐하고 감사하였습니다. 자신이 가는 길에 환난과 핍박 심지어 죽음이 기다린다 해도 하나님 의 뜻이면 그 길을 갔습니다.

하늘나라에 소망을 두었기에 이러한 길을 기쁨으로 갈 수 있었던 것이지요. 우리도 참 믿음이 있다면 이와 같은 사도 바울의 마음, 성 품, 행함을 닮고 본받아야 합니다.

2절에 "너희가 모든 일에 나를 기억하고"라고 하였는데 고린도교 회 교인들은 바울의 무엇을 기억한 것일까요?

사도 바울은 여러 차례 전도 여행을 다니면서 교회를 개척하였고, 주님의 부활과 십자가의 도를 증거하였습니다. 또한 인편이나 서신 으로도 복음을 전했지요. 고린도교회 교인들은 그의 전하는 말을 하나님 말씀으로 받아서 지켜 나갔습니다.

또한 그들은 사도 바울이 어떻게 기도하며 가르치는지 다 보았습니다. 그것이 참이요 진리일 때에 이를 기억하여 지켜 나갔던 것입니다.

사도 바울이 전한 것은 오직 그리스도의 복음입니다. 하나님의 뜻과 계명을 전했지요. '하나님의 뜻은 이것이니 기뻐하라, 감사하라, 기도하라, 화평하라, 불의를 버리고 선을 좇으라.' 등 얼마나 많이 가르쳤습니까? 사도 바울은 고린도교회 교인들이 이러한 그의 가르침대로 지킨 것을 칭찬하고 있습니다.

영적 질서에 대하여

그러나 나는 너희가 알기를 원하노니 각 남자의 머리는 그리스도요 여자의 머리는 남자요 그리스도의 머리는 하나님이시라 무릇 남자로서 머리에 무엇을 쓰고 기도나 예언을 하는 자는 그 머리를 욕되게 하는 것이요 무릇 여자로서 머리에 쓴 것을 벗고 기도나 예언을 하는 자는 그 머리를 욕되게 하는 것이니 이는 머리 민 것과 다름이 없음이니라 만일 여자가 머리에 쓰지 않거든 깎을 것이요 만일 깎거나 미는 것이 여자에게 부끄러움이 되거든 쓸지니라 남자는 하나님의 형상과 영광이니 그 머리에 마땅히 쓰지 않거니와 여자는 남자의 영광이니라 11:3-7

고린도교회 교인들이 사도 바울의 가르침, 즉 유전을 지킨 것은 칭찬하지만 그 안에 질서가 없으므로 질서에 대해서 가르치고 있습니다.

여자의 머리는 남자요, 남자의 머리는 그리스도요, 그리스도의 머리는 하나님이라고 했습니다. 따라서 첫째는 하나님, 둘째는 그리스도, 셋째는 남자, 넷째는 여자입니다. 이것이 바로 하나님이 말씀하시는 질서입니다.

그런데 "무릇 남자로서 머리에 무엇을 쓰고 기도나 예언을 하는 자는 그 머리를 욕되게 하는 것이요 무릇 여자로서 머리에 쓴 것을 벗고 기도나 예언을 하는 자는 그 머리를 욕되게 하는 것이니 이는 머리 민 것과 다름이 없음이니라."는 말씀을 문자적인 의미만 본다면 이해하기 어렵습니다.

이 말씀에 따라 여 성도들은 머리에 쓰고 기도나 예언을 해야 할까요? 물론 오늘날에도 가톨릭에서는 미사 등 공식 전례 때에 세례받은 여성들이 미사보를 머리에 씁니다. 이는 구약의 행위적인 것을 따르기 때문입니다. 그러나 신약 시대에는 영적 의미를 알고 행해야 합니다.

남자가 머리에 쓰면 왜 안 되는가?

본문은 "남자의 머리는 그리스도요 여자의 머리는 남자요 그리스도의 머리는 하나님이시니라." 했습니다.

'머리'에는 세 가지 뜻이 있습니다. 앞선다는 것과, 위라는 것, 지위가 높다는 것 등입니다. 여자의 머리가 남자라는 것은 남자가 여자보다 위이고, 앞서며, 권세가 있다는 말입니다.

가정에서도 아내는 머리된 남편에게 진리 안에서 순종해야 화목한 가정을 이룰 수 있습니다. 직장에서도 머리된 사람에게 순종해야 하지요. 그렇다고 나이나 직위 등이 높다 하여 교만하라는 것은 아닙니다. 높으면 높을수록 더욱 낮은 자리에, 섬기는 자리에, 겸손한 자리에 서야 합니다. 구약은 행위적인 율법이고 신약은 믿음으로 행하는 것입니다. 따라서 구약 시대에는 반드시 4-7절 말씀대로 행해야 했습니다.

그러면 남자가 머리에 무엇을 쓰는 것이 왜 그리스도의 영광을 가리고 욕되게 하는 것일까요?

7절에 남자는 하나님의 형상과 영광이라 했습니다. 하나님께서 사람을 지으시되 남자와 여자를 지으셨는데 이 땅에서는 남자가 그리스도의 형상을 대신합니다. 영적으로는 머리가 하나님이요 그리스도이되 육적으로는 눈에 보이는 남자를 머리로 세워 주셨으므로 남자가 그리스도를 대신합니다.

머리에 쓴다는 것은 하나의 구속을 뜻합니다. 그리스도를 대신한 남자가 머리에 쓰는 것은 누군가에게 구속받는다는 뜻이 되므로 합당치 않습니다. 즉 예수 그리스도가 누구의 구속을 받을 수 없다는 말입니다. 따라서 머리에 쓰면 오히려 영광을 가리고 욕되게 하는 것입니다.

여자가 머리에 쓰는 영적 의미는?

5절에 "무릇 여자로서 머리에 쓴 것을 벗고 기도나 예언을 하는 자는 그 머리를 욕되게 하는 것이니 이는 머리 민 것과 다름이 없음이니라"고 했습니다.

이는 행위적인 구약 시대에 관한 말씀입니다. 여자가 머리에 쓰는 것은 "이 땅에서 나를 주관하는 자가 있습니다."라고 표시하는 것입니다. 예를 갖추어 겸손함을 표현하는 것이지요.

이 세상에서 여자 위에 누가 있습니까? 바로 남자입니다. 따라서 여자가 머리에 쓰지 않는다면 남자에게 구속을 받지 않겠다, 즉 "내가 머리가 되겠다. 내 머리 위에는 아무도 없다. 구속받지 않겠다."는 뜻이 됩니다. 하나님 말씀에 순종하지 않았으니 교만한 것이며 머리된 남자를 욕되게 하는 것입니다.

그래서 여자는 "나는 순종하겠습니다. 섬기겠습니다."는 의미로 머리에 써야 합니다. 머리에 쓰지 않는 것은 머리를 민 것처럼 수치를 보이는 것입니다. 그렇다 해서 오해하여 "이제부터는 모자를 쓰고 기도해야 되겠구나." 해서는 안 되며, 말씀 안에 담긴 영적인 뜻을 이해해야 합니다.

남자가 여자에게서 난 것이 아니요 여자가 남자에게서 났으며 또 남자가 여자를 위하여 지음을 받지 아니하고 여자가 남자를 위하여 지음을 받은 것이니 이러므로 여자는 천사들을 인하여 권세 아래 있는 표를 그 머리 위에 둘지니라 11:8-10

창세기 2장에 보면 하나님이 왜 여자를 지으셨는지, 어떻게 여자가 남자에게서 났는지가 나옵니다. 돕는 배필로서 아담의 갈비뼈를 취하여 여자를 만드신 것입니다. 그래서 여자는 남자의 영광이라고 기록한 것이지요. 본문은 왜 여자가 남자에게 순종해야 하는지 설명하고 있습니다. 여자는 남자를 위해 지었기 때문입니다.

그렇다면 "이러므로 여자는 천사들을 인하여 권세 아래 있는 표를 그 머리 위에 둘지니라."는 말씀은 어떤 의미일까요?

그 표를 머리 위에 두라는 것은 곧 머리에 쓰라는 말입니다. 천사는 하나님께서 지으시고 친히 부리는 영으로, 여기서 "천사들을 인하여"라고 한 것은 영계의 질서를 인정하라는 말씀입니다.

히브리서 1장 14절에 보면 "모든 천사들은 부리는 영으로서 구원 얻을 후사들을 위하여 섬기라고 보내심이 아니뇨"라고 하여 영계의 법과 질서가 나옵니다. 하나님의 권세로 천사들을 부리는 것이고, 또한 우리 믿는 이들을 지키고 섬기라고 이 땅에 보내셨습니다.

이 땅에서 우리를 섬기는 천사가 있고, 마태복음 18장 10절 말씀대로 하늘나라에서 우리의 모든 것을 기록하는 천사도 있습니다. 또한 우리의 기도를 받아가는 천사도 있음이 계시록에 나옵니다(계 8:3). 이렇게 천사들은 저마다 역할대로 영계의 법과 질서에 잘 순종하고 있습니다.

하나님께서는 사람보다 천사를 먼저 만드셨습니다. 그래서 하나님께서 아담을 만들고 또 갈비뼈를 취해 여자를 만드는 것을 보았으므로 여자가 남자를 위해 지어진 것을 천사도 압니다. 그런데 여자가 당연히 섬기고 순종해야 할 남자에게 불순종한다면 천사가 어떻게 그러한 주인을 섬길 수 있겠습니까?

만약 어떤 사람이 아들이 사장으로 있는 회사에서 경비로 일한다고 합시다. 그 사람은 집에서는 아버지이므로 "아들아!" 할 수 있지만 회사에서는 아들에게 사장 예우를 해 주어야 합니다. 그렇지 않으면 다른 사람도 본받아 질서가 서지 않지요.

그러므로 여자도 이 땅에서는 남자가 머리이니 순종해야 하고 권세 아래에 있다는 구속의 표로서 머리에 쓰라는 것입니다.

이제부터는 구약에서 신약으로 돌아옵니다. 첫 사람 아담 이후 남자 없이 여자가 있을 수 없고 또 여자 없이 남자가 있을 수 없습니다. 하나님께서 아담과 하와를 만들고 정자와 난자를 주셔서 계속 자녀를 낳을 수 있도록 했으니 모든 것이 하나님께로부터 났다고 말씀합니다.

이는 주 안에서의 남녀평등을 의미합니다. 영계의 법, 또는 질서상 여자는 남자에게 순종하도록 되어 있습니다. 그런데 질서 안에서 순종하는 것이란 서로 화평하고 위로하며 사랑하라는 뜻이지 남자가 여자를 구속하고 명령하며 폭력을 휘두르라는 것이 아닙니다.

여자도 남자로 인해 났고 남자도 여자로 인해 났습니다. 즉, 모두 평등하니 주 안에서 남자에게 순종하되 하나님 뜻을 알아서 서로 사랑하고 하나를 이루라는 것입니다.

신약 시대에 여자가 모자를 쓰지 않아도 되는 이유

너희는 스스로 판단하라 여자가 쓰지 않고 하나님께 기도하는 것이 마땅하냐 만일 남자가 긴 머리가 있으면 자기에게 욕되는 것을 본성이 너희에게 가르치지 아니하느냐 만일 여자가 긴 머리가 있으면 자기에게 영광이 되나니 긴 머리는 쓰는 것을 대신하여 주신 연고니라 11:13-15

구약 율법에는 여자가 남자 아래 있는 표로 머리에 써야 하는데 그리하지 않고 기도한다면 옳지 않습니다. 반대로 남자가 여자처럼 머리를 길게 하고 다니면 양심상 부끄러움을 느낍니다. 여자처럼 하고 다니니 수치스럽게 느끼는 것입니다.

여자도 마찬가지입니다. 남자 옷을 입고 남자 흉내를 낸다면 부끄러움을 느껴야 합니다. 남자는 이 땅에서 바로 하나님의 형상이고 영광이기 때문에 구속받을 이유가 없는데 여자처럼 머리를 길게 한다면 하나님을 욕되게 하는 것입니다.

더군다나 하나님을 알고 영계의 법을 아는 사람이 이 질서를 무시한다면 수치를 느껴야 합니다. 질서를 어기는 것은 교만하기 때문입니다.

15절에 '만일 여자가 긴 머리가 있으면 자기에게 영광이 되니 긴 머리는 쓰는 것을 대신하는 것'이라고 말씀합니다. 신약에 와서는 여자들이 모자를 쓰지 않아도 된다는 것입니다. 그럼 신약에 와서는 쓰지 않아도 되는데 왜 구약에서는 써야 할까요?

구약은 행위적이기 때문에 긴 머리를 대신하여 모자를 써야 하는 것입니다. 하지만 신약에 와서는 성령께서 우리를 진리 가운데로 인도하시기 때문에 쓰지 않습니다. 즉, 마음에서 성령이 질서를 지키고 순종하도록 주관하며 남자는 남자로서 역할을, 여자는 여자로서 역할을 가르치십니다.

성령의 도움으로 진리를 배워 아내의 본분을 깨달으니 남편에게 순종합니다. 즉 신약 시대에는 행위적으로 머리에 쓰지 않아도 성령의 인도에 따라 질서를 지켜 나가는 것입니다.

물론 이 말씀은 여자는 반드시 긴 머리를 하는 것이 좋다는 의미가 아닙니다. 자신에게 어울리는 단정한 모습이면 좋겠지요.

골로새서 3장 18절을 보면 "아내들아 남편에게 복종하라 이는 주 안에서 마땅하니라"고 기록되어 있습니다. 주 밖이 아니고 주 안에서 복종하라 했습니다. 주 안에서란 어떤 의미일까요?

만일 남편이 주일에 교회 가지 말라고 하거나 죄를 지으라고 할 때 순종하면 되겠습니까? 이는 주님과 상관없는 주 밖에서의 일이지요. 남편보다 더 높은 주님의 말씀을 우선으로 지켜야 합니다.

그러나 남편이 금요철야예배에 가지 말라고 한다면 가지 않는 것이 순종입니다. 주일하고는 다르지요. 주일은 하나님께서 꼭 지키라고 하신 것이지만 철야예배는 꼭 하라고 한 것이 아닙니다. 물론 철야예배에 가는 것도 하나님 뜻이고 기뻐할 일입니다. 하지만 남편이 허락해 주지 않으면 지혜롭게 잘 섬겨 허락받고 가는 것이 주 안에서 순종하는 것입니다.

남편의 입장에서도 아내에게 무조건 복종만을 요구해서도 안 되지요. 골로새서 3장 19절을 보면 "남편들아 아내를 사랑하며 괴롭게 하지 말라" 했습니다. 아내를 내 몸과 같이 사랑해야 합니다. 사랑은 자신을 희생하는 것이며 상대의 유익을 구하는 것인데 어찌 괴롭게 하겠습니까?

변론과 분쟁이 생기는 이유는

교회에는 오직 화평과 질서와 순종이 있어야 하므로 서로 자신이 옳다 하며 변론하는 일이 없어야 합니다. 그러한 것은 세상에나 있는 것이지 모든 교회에는 이런 규례가 없다고 말씀합니다.

구약에도 하나님이 명하시면 순종이 있을 뿐 내 마음대로 할 수 없었습니다. 하나님은 선하고 의롭고 거룩한 분으로서 악은 모양도 없으며 우리에게 좋은 것을 주기 원하시니 믿고 순종하면 됩니다. 이처럼 진리 안에서 순종하는 것이 하나님 뜻인데 그렇지 않고 서로 옳다 하면 변론과 사단의 역사가 일어납니다. 변론하는 이유는 무엇일까요?

첫째로, 자기 자신을 이기지 못하기 때문입니다. 갈라디아서 5장 17

절을 보면 "육체의 소욕은 성령을 거스리고 성령의 소욕은 육체를 거스리나니 이 둘이 서로 대적함으로 너희의 원하는 것을 하지 못하게 하려 함이니라" 했습니다.

성령의 아홉 가지 열매가 맺힌 사람은 변론하지 않습니다. 사랑과 희락과 화평과 오래 참음 등 선의 열매가 가득한데 어찌 하겠습니까? 성령의 열매가 맺혀 있지 않아서 육체의 소욕을 좇고자 하는 자신을 이기지 못하니 다툼과 변론이 일어나는 것입니다.

둘째로, 감정을 버리지 못해 변론합니다. 성경은 모든 정과 욕심을 십자가에 못 박으라 했습니다(갈 5:24). 감정을 품지 말라고 하시지요. 구약 성경 욥기를 보면 욥의 친구들이 욥에게 감정으로 대하니 계속 변론하는 것을 볼 수 있습니다. 하나님께서는 이를 기뻐하지 않고 그들에게 회개할 것을 명하셨습니다.

셋째로, 자기 생각과 맞지 않아서 변론합니다. 자기 생각과 맞지 않을 때에는 질서를 좇아 순종해야 합니다. 사공이 많으면 배가 산으로 간다는 말이 있듯이 자신의 생각과 맞지 않다고 자기 고집대로 나가서는 안 됩니다. 자신의 생각이 옳다고 생각하면 한두 번 건의하여 깨우쳐 주되 그래도 듣지 않으면 질서 가운데 서로 화합해 나가는 것이 바람직하지요.

예수님께서도 누가 변론하고자 하면 피하셨습니다. 다투거나 들레지 않으시니 길에서 아무도 예수님 소리를 듣지 못했다고 했습니다. 예수님께서 세상 사람을 볼 때에 얼마나 진리에 어긋난 것이 많았겠습니까. 그러나 다투지 않으셨던 것입니다. 마태복음 7장 6절에 거룩한 것을 개에게 주지 말며 진주를 돼지에게 던지지 말라고 말씀한 대로 진리를 받는 자에게는 주되, 주어도 받지 않으면 주지 말아야 합니다. 그러면 다툴 일이 없습니다.

"누구든지 다른 교훈을 하며 바른 말 곧 우리 주 예수 그리스도의 말씀과 경건에 관한 교훈에 착념치 아니하면 저는 교만하여 아무것도 알지 못하고 변론과 언쟁을 좋아하는 자니 이로써 투기와 분쟁과 훼방과 악한 생각이 나며 마음이 부패하여지고 진리를 잃어버려 경건을 이익의 재료로 생각하는 자들의 다툼이 일어나느니라"(딤전 6:3-5)

우리가 하나님을 믿기 전에 어떠했는지 생각해 보십시오. 하나님 말씀 안에 살지 않고 경건에 관한 교훈을 마음에 새겨 두지 않은 사람은 교만한 사람입니다. 아무것도 알지 못하지만 스스로 아는 체하고 변론과 언쟁을 좋아합니다.

진리를 따르지 않는 사람은 스스로 잘났다고 생각하여 변론하기를 좋아하지요. 그러한 사람은 상대가 답답하다고 여기며 변론하지만 하나님께서는 교만하다고 하십니다.

만일 누군가의 언행이 진리에 어긋난다면 권면하고 가르쳐 주되 변론하고 다툴 필요는 없습니다. 권면하여도 계속 진리를 위배한다면 하나님께서 친히 역사하시도록 맡기면 되고, 변론하거나 다툼으로 질서를 어기는 일이 없어야 합니다.

히브리서 10장 25절에 "모이기를 폐하는 어떤 사람들의 습관과 같이 하지 말고 오직 권하여 그 날이 가까움을 볼수록 더욱 그리하자"고 말씀합니다. 모이는 것이 하나님 뜻입니다.

그런데 모여서 오히려 변론한다면 사단의 회가 됩니다. 변론은 조금도 유익하지 않으며 하나님 나라에 큰 손해를 줄 뿐입니다. 만약에 열 명이 세 시간을 변론한다면 30시간을 허비한 것입니다. 윗사람의 지시에 아랫사람이 따지고 변론한다면 시간이 허비될 뿐 아니라 하나님 일을 이룰 수도 없습니다.

그러므로 서로 변론하지 않아야 하며 어떠한 회의가 있다면 짧게 끝내고 나머지 시간은 하나님 앞에 유용하게 사용해야 합니다. 그런데 고린도교회의 모임은 그러지 못하여 유익이 못 되고 도리어 해롭다 했습니다.

분쟁이란 패로 갈라져 다툰다는 뜻입니다. 오늘날 우리 주변을 보면 분쟁이 있는 교회가 많습니다.

사도 바울은 고린도교회에 분쟁이 있다는 것을 듣고 대강 믿었다고 기록하고 있습니다. 그가 직접 가서 확인한 것이 아니고 전해 들었기 때문에 그 말을 백 퍼센트 믿을 수는 없었던 것입니다.

전한 사람이 오해하여 잘못 전할 수 있고 거짓말할 수도 있습니다. 또 한 사람의 말만 들어서는 알 수 없습니다. 사도 바울이 볼 때 분쟁이 있는 것 같았지만 확실하게 믿을 수는 없었기에 대강 믿는다고 한 것입니다.

19절에 '너희 중에 편당이 있어야 너희 중에 옳다 인정함을 받은 자들이 나타나게 된다'고 했습니다. 편당이라는 것은 한 당파에 치우치는 것입니다. 무엇이 옳다, 그르다, 이렇다, 저렇다 하여 누구 파, 누구 파 하며 끼리끼리 모여서 편당이 이루어집니다.

그런데 바울은 너희 중에 편당이 있기에 옳고 그름이 분별된다고 말씀합니다. 이 말씀은 편당 짓는 것을 칭찬하는 것이 아닙니다. 편당이 있어 다투다 보면 어느 쪽이 옳고 그른지 드러난다는 것입니다.

예컨대, A와 B라는 사람이 심하게 다툰다고 합시다. 그러면 제삼

자가 볼 때 A와 B의 옳고 그름이 나타납니다. 먼저는 함께 다투었으니 하나님 말씀에 비추어 볼 때 둘 다 옳지 않습니다.

그런데 A는 말을 하다가 더 이상 해서는 안 될 듯 싶으니 잠잠히 참는 편을 택하고, B는 자신만 옳다 주장하며 A를 공박하는 상황입니다. 그러면 누가 더 옳습니까? 다툼이 있기 전에는 누가 하나님을 더 사랑하고 믿음이 있는지 알 수 없었습니다.

다툼을 계기로 A라는 사람이 B라는 사람보다 그래도 하나님을 더 사랑하고 진리 안에 살고자 한다는 것을 발견할 수 있는 것입니다.

세상에서 사업을 할 때에도 이러한 진리를 적용하여 사람을 분별하는 것이 지혜입니다. 물론 세상 사람들은 하나님을 믿지 않기에 진리 가운데 살지 못합니다. 그러나 언행을 볼 때에 그가 얼마큼 진리에 가까운 사람이며 선하고 정직한지 분별할 수 있습니다.

만약 내 아래 직원이 간혹 거짓말을 한다고 합시다. 그러면 지금 당장은 그가 속이지 않는다 해도 거짓의 속성을 버리기 전에는 언제든지 속이거나 배신할 가능성이 있습니다. 그러니 중요한 일이라면 그에게 맡길 수 없지요. 이러한 것을 염두에 두고 사람을 관리한다면 어려움이 없을 것입니다.

성만찬의 참된 의미를 알아야

그런즉 너희가 함께 모여서 주의 만찬을 먹을 수 없으니 이는 먹을 때에 각각 자기의 만찬을 먼저 갖다 먹으므로 어떤 이는 시장하고 어떤 이는 취함이라 11:20-21

초대교회 성도들은 열심히 떡을 떼고 주의 만찬을 먹었습니다. 주님께서 성만찬을 지키라고 하신 이유는 무엇일까요?

우리가 성찬 예식 때 먹는 떡은 주님의 몸을, 포도주는 주님의 피를 상징합니다. 예수님께서는 우리를 죄에서 구원하시려고 십자가에 못 박혀 물과 피를 다 쏟으셨습니다. 그 사랑과 은혜를 잊지 않고 주님 뜻대로 살라는 의미에서 성만찬 규례를 주신 것입니다.

즉 "내가 왜 너희에게 살과 피를 주었는지 성만찬을 먹고 마실 때마다 깨우치고 더 열심히 말씀 안에 살고 복음을 전하라."고 제정한 것이지요. 그런데 고린도교회 교인들은 이 영적인 참뜻을 알지 못하고 육적으로 먹고 마시므로 편당과 문제가 생겼습니다.

오늘날 우리는 성만찬 때 다 똑같은 떡을 먹고 포도주를 마십니다. 그런데 그들은 빵, 고기, 포도주 등을 많이 준비해 와서 마음껏 먹었습니다. 교인들이 같이 모여서 경건하게 먹고 마신 것이 아니라 배가 고프다 하여 먼저 먹는 사람도 있습니다. 부유한 사람은 풍성하게 잘 차려서 자기들끼리 모여 먹었습니다.

그러니 자연히 갈등이 생기고 가난한 사람과 부유한 사람 간에 편당이 생겼습니다. 이렇게 분쟁과 편당이 생기도록 하라고 성만찬을 기념하라 한 것이겠습니까? 부자는 잘 먹고 가난한 사람은 굶어야 하는 모임이 되었으니 전혀 합당치 않지요.

너희가 먹고 마실 집이 없느냐 너희가 하나님의 교회를 업신여기고 빈궁한 자들을 부끄럽게 하느냐 내가 너희에게 무슨 말을 하랴 너희를 칭찬하랴 이것으로 칭찬하지 않노라 11:22

성만찬은 예식에 따라 먹는 시간이 있습니다. 그런데 고린도교회에서는 정해진 시간이 아니라 시장하다고 먼저 먹고 마셨습니다. 부자라 하여 잘 차려 많이 먹으니 결과적으로 가난한 사람을 업신여기는 모습이 되었습니다. 이는 교회를 업신여기며 형제를 실족케 하고 편당을 만드는 것입니다. 사도 바울은 이를 지적한 후에 하나님 말씀으로 영적인 것을 깨우쳐 주고 있습니다.

여러분도 어떤 사람의 잘못을 지적할 때 오직 사랑으로 하시기 바랍니다. "이것은 잘못이다. 이렇게 하면 안 된다."라고 지적으로 끝나서는 유익이 없습니다. 지적한 다음에는 반드시 진리의 말씀을 심어 주어야 합니다. 그래야만 상대가 깨닫고 선한 사람이라면 자신의 잘못을 인정하고 돌이킬 수 있는 것입니다.

> 내가 너희에게 전한 것은 주께 받은 것이니 곧 주 예수께서 잡히시던 밤에 떡을 가지사 축사하시고 떼어 가라사대 이것은 너희를 위하는 내 몸이니 이것을 행하여 나를 기념하라 하시고 식후에 또한 이와 같이 잔을 가지시고 가라사대 이 잔은 내 피로 세운 새 언약이니 이것을 행하여 마실 때마다 나를 기념하라 하셨으니 너희가 이 떡을 먹으며 이 잔을 마실 때마다 주의 죽으심을 오실 때까지 전하는 것이니라 11:23-26

사도 바울이 지금까지 전한 것은 그가 스스로 하거나 깨달은 말이 아니요, 주님으로부터 친히 계시받은 것이라 말씀합니다. 예수님께서는 십자가에 못 박히기 전날 밤에 제자들과 최후의 만찬을 하셨습니다.

요한복음 6장 53절에 보면 "예수께서 이르시되 내가 진실로 진실로 너희에게 이르노니 인자의 살을 먹지 아니하고 인자의 피를 마시지 아니하면 너희 속에 생명이 없느니라"고 말씀합니다. 예수님께서 "나는 곧 길이요 진리요 생명이니"라고 말씀하셨듯이 주님은 진리가 되고 진리는 곧 하나님 말씀입니다.

따라서 인자의 살을 먹고 피를 마셔야 우리 안에 생명이 있다는 것은 곧 진리인 하나님 말씀대로 양식 삼고 행하여야 영생한다는 말씀입니다. 그래서 주님의 살을 상징하여 떡을 주며 먹으라 하셨고 피를 상징하여 잔을 주며 마시라 하셨습니다.

그러면 이를 마실 때마다 어떻게 주님을 기념하라는 것일까요?

예수님께서 우리 죄를 대속하고 생명을 주시기 위해서 피 흘려 주신 것을 기억하라는 뜻입니다. 주님의 살을 먹고 피를 마셔야 죄가 대속되고 생명이 주어지는 것이니 성만찬을 행할 때 이 영적인 뜻을 생각하며 먹고 마시라는 것입니다.

사람은 대부분 시간이 지나면 과거의 감사나 은혜를 잊어버립니다. 이러한 사람의 마음을 잘 아시는 예수님께서 때에 따라 떡과 포도주를 먹고 마셔 주님의 은혜와 사랑을 잊지 말고 기념하라는 말씀입니다.

주님의 살과 피를 먹고 마심으로 구원의 길로 갈 뿐 아니라 이 복음을 열심히 전하여 영혼을 구원하라는 뜻이 담겨 있지요. 이러한 의미를 알지 못하고 먹고 마신다면 무슨 소용이 있겠습니까?

그러므로 누구든지 주의 떡이나 잔을 합당치 않게 먹고 마시는 자는 주의 몸과 피를 범하는 죄가 있느니라 사람이 자기를 살피고 그 후에야 이 떡을 먹고 이 잔을 마실지니 주의 몸을 분변치 못하고 먹고 마시는 자는 자기의 죄를 먹고 마시는 것이니라 이러므로 너희 중에 약한 자와 병든 자가 많고 잠자는 자도 적지 아니하니 11:27-30

성례전 때에 아무나 주님의 살을 먹고 포도주를 마셔서는 안 됩니다. 죄가 있으면 회개하여 돌이키고, 만일 현재 그럴 수 있는 상황이 아니면 먹거나 마시지 말아야 합니다. 성만찬을 하는 까닭은 주님께서 왜 십자가에서 피를 흘리고 몸을 주셨는지 하나님 뜻을 알고 그 말씀대로 살아갈 수 있게 하기 위해서입니다. 그러한 것을 알고도 여전히 죄를 지으면서 주님의 거룩한 떡을 먹고 잔을 마신다면 하나님을 대수롭지 않게 여기는 것이 됩니다.

그러므로 먼저 하나님 말씀으로 자신을 비추어 죄가 있는지 없는지 살펴야 합니다. 진리에 비추어볼 때 내가 여전히 죄를 짓고 있다면 먹고 마실 자격이 없습니다. 진리로 자신을 살펴 자격이 있다고 생각될 때에 먹고 마셔야 합니다.

29절에 '주의 몸을 분변치 못하고 먹고 마시는 자는 자기의 죄를 먹고 마시는 것'이라고 했습니다. 먹을 수 있는 자격이 없는데 분변치 못하고 먹고 마시면 오히려 주님 앞에 더 죄를 짓는다는 말씀입니다.

30절에 "이러므로 너희 중에 약한 자와 병든 자가 많고 잠자는 자도 적지 아니하다"고 했습니다. 여기서 약한 자란 질병이 아닌 소아마비나 소경 등 선천적, 후천적인 장애를 가진 사람을 말합니다.

잠잔다고 하는 것은 영적 소경을 말씀합니다. 신앙인이라면 영적인 눈이 열려야 합니다. 그래야 하나님 말씀을 들을 때 그 뜻을 깨달을 수 있고 하나님과 교통하며 성령의 음성을 들을 수 있습니다.

그럴 때에 하나님 말씀을 기쁨으로 받을 수 있고 말씀이 꿀맛 같이 달게 느껴집니다. 그러나 신앙생활을 10년, 20년 했다 해도 주님의 살을 먹지 않고 피를 마시지 않으면, 즉 말씀대로 지켜 행하지 않고 교회에 왔다 갔다만 한다면 여전히 육에 있으며 잠자는 사람입니다.

주의 몸을 분변치 못하고 먹고 마심으로 이런 사람이 많다고 말씀합니다. 여기서 오해하지 말아야 할 것은 올바로 주님의 살을 먹고 피를 마시지 않았다고 해서 약해지고 질병에 걸렸다는 의미가 아니라는 사실입니다.

질병은 어떻게 오는 것입니까? 구약에 보면 "너희가 너희 하나님나 여호와의 말을 청종하고 나의 보기에 의를 행하며 내 계명에 귀를 기울이며 내 모든 규례를 지키면 내가 애굽 사람에게 내린 모든 질병의 하나도 너희에게 내리지 아니하리니 나는 너희를 치료하는 여호와임이니라"(출 15:26)라고 하셨습니다.

예수님도 38년 된 병자를 치료하시고 나서 "보라 네가 나았으니 더 심한 것이 생기지 않게 다시는 죄를 범치 말라"(요 5:14) 하여 죄 때문에 병이 생긴다는 것을 알려 주셨습니다.

즉, 성만찬을 먹을 자격이 없다는 것은 그가 여전히 죄악과 불의 가운데 산다는 것을 의미합니다. 하나님 말씀 안에 살지 못한 탓에 질병이 오고, 약한 자가 생기는 것이며, 그는 여전히 영적 소경이라는 뜻입니다.

우리가 우리를 살폈으면 판단을 받지 아니하려니와 우리가 판단을 받는 것은 주께 징계를 받는 것이니 이는 우리로 세상과 함께 죄 정함을 받지 않게 하려 하심이라 그런즉 내 형제들아 먹으러 모일 때에 서로 기다리라 만일 누구든지 시장하거든 집에서 먹을지니 이는 너희의 판단받는 모임이 되지 않게 하려 함이라 그 남은 것은 내가 언제든지 갈 때에 귀정하리라 11:31-34

우리가 말씀을 듣고 진리로 분별해서 살폈다면 당연히 진리 안에 살아갈 것이므로 하나님의 판단을 받지 않습니다. 원수 마귀 사단이 "너는 죄인이다. 너는 이런 죄가 있다."라고 송사할 때 그 송사가 합당치 않으니 하나님께서 지켜 주시는 것입니다.

우리는 하나님 앞에 판단받는 것이 아니라 "사랑하는 아들아, 딸아!" 하는 말씀을 들을 수 있어야 합니다. 만일 누구에게 판단받을 것이 있다면 사단이 이에 대해 하나님께 송사합니다. 그러면 하나님께서는 영계의 법칙에 의해 그 사람을 외면하실 수밖에 없고, 사단은 질병과 시험 환난을 가져다주며 영적 소경을 만듭니다. 이는 영계의 법을 어겨 하나님 앞에 판단받는 것입니다.

그런데 사단의 송사를 허락하는 것 역시 우리를 사랑하시기 때문입니다. 히브리서 12장에 "주께서 그 사랑하시는 자를 징계하시고 그의 받으시는 아들마다 채찍질하심이니라 … 징계는 다 받는 것이거늘 너희에게 없으면 사생자요 참 아들이 아니니라" 하였습니다.

하나님께서는 자녀가 세상과 짝하여 멸망의 길로 가지 않도록 징계하십니다. 그래서 하나님을 사랑하는 사람이 어떤 잘못을 하면 곧바로 징계가 옵니다. 이는 하나님께서 사랑하신다는 증거입니다.

33절에서 "그런즉 내 형제들아 먹으러 모일 때에 서로 기다리라"고 했습니다. 그들은 성만찬의 영적인 뜻을 알지 못한 채 모여서 열심히 먹었습니다.

그러나 이제는 성만찬의 참된 영적 의미를 알아서 다 같이 모여 함께 떡을 떼라는 말씀입니다. 오늘날에는 형식적으로 조금씩 먹고 마시지만 당시에는 그러지 않았습니다. 정 배가 고파서 못 견디겠다면 미리 집에서 먹고 오라고 말합니다.

"그 남은 것은 내가 언제든지 갈 때에 귀정하리라."고 한 것은 글로는 더 이상 구체적으로 쓸 수 없기 때문에 그 외의 자세한 것은 언제든지 갈 때에 알려 주겠다고 말씀하는 것입니다.

12장
성령의 은사

예수를 주로 알게 하시는 성령

성령으로 말미암은 여러 은사

우리는 그리스도의 몸이요 각 지체

교회 안에 두신 질서

예수를 주로 알게 하시는 성령

형제들아 신령한 것에 대하여는 내가 너희의 알지 못하기를 원치 아니하노니 12:1

'형제들아' 하는 것은 믿는 하나님의 자녀를 말씀합니다. '신령한 것'이란 육과 반대되는 영적인 것, 즉 영계에 대한 것입니다.

인간은 3차원의 세계에 사는데 우리가 알지 못하는 보이지 않는 세계를 4차원, 곧 영계라고 말합니다. 영계는 영원히 변치 않는 세계이며 하나님 주권 아래 움직입니다. 물론 3차원의 세계도 하나님께서 창조하고 주관하지만 영계의 주인도 하나님이십니다.

그런데 사도 바울은 믿는 사람들이 이러한 신령한 것에 대하여 알기를 원한다고 말합니다. 우리는 3차원에 살지만 주님을 영접하면서 성령을 받고 죽었던 영이 살아나 하나님의 자녀가 되었습니다. 우리의 이름이 생명책에 기록되었고 영원한 하늘나라에 시민권이 있기 때문에 당연히 영계를 알아야 합니다. 눈에 보이지 않지만 4차원의 세계가 있음을 믿고 영계의 법을 알아 좇아 가야 하는 것입니다.

교회에 그냥 왔다 갔다만 하는 사람들은 이 신령한 것을 알지 못합니다. 여전히 눈에 보이는 3차원의 육적인 한계 속에서 살기 때문에 입으로는 믿는다 하지만 하나님과 교통할 수 없고 응답받거나 하나님의 역사를 볼 수도 없습니다. 그래서 그들은 4차원의 세계를 이야기하면 의심하며 믿지 않습니다.

성경에서 예수님과 제자들이 핍박받은 이유가 바로 그러한 것입니다. 율법을 안다 하는 바리새인, 서기관, 제사장들은 하나님을 믿는다 하면서도 이 신령한 것을 알지 못하고 눈에 보이는 것만 믿어서 4차원의 세계를 나타내 보이면 싫어하고 핍박했습니다. 더구나 오늘날에는 악과 불의가 득세하기 때문에 더욱 심해질 수밖에 없습니다.

너희도 알거니와 너희가 이방인으로 있을 때에 말 못하는 우상에게로 끄는 그대로 끌려갔느니라 12:2

예수 그리스도를 영접하여 성령받기 이전에 여러분은 어떠한 생활을 했습니까? "나는 우상을 섬기지 않았어요. 우상 앞에 절을 한 적이 없거든요."라고 답변할 사람도 있겠지요. 그러나 그러한 사람도 무엇인가를 섬기고 있습니다.

어떤 사람은 남편을, 어떤 사람은 아내를 우상으로 섬기고 자녀를 우상으로 섬깁니다. 그런가 하면 명예나 권세가 우상이 되어 가족은

안중에도 없는 사람이 있고, 지식이나 재물을 우상으로 섬기는 사람도 있습니다. 또 자기 자신이 우상이 되어 있는 경우도 있지요.

또는 말 못하는 나무나 돌, 금붙이 등으로 우상을 만들어 놓고 그 앞에 절하며 섬기는 사람도 있습니다. 해, 달, 별(북두칠성) 등을 경배하는 사람도 있지요. 어떤 사람은 조금만 아파도 무당을 불러 굿을 합니다. 귀신이 우상이 된 것입니다.

우리가 예전에 하나님을 알지 못했을 때 이러한 우상에게 경배한 것이 얼마나 부끄러운 일인지요. 사람이 조각하고 다듬고 칠을 해 놓은 것에다가 절하며 "좋은 대학교에 합격하게 해 주세요. 사업이 잘되게 해 주세요. 건강하게 해 주세요." 하며 빌고 있으니 얼마나 우스운 일입니까?

이러한 우상과는 달리 하나님은 믿음을 가지고 기도하면 지금도 응답하십니다. 주일을 지키고 온전한 십일조를 하는 기본적인 신앙 생활만 해도 각종 사고로부터 지켜 주시지요.

어떤 사고가 났다면 주일을 지키지 않았다거나 십일조를 하지 않았든지 무슨 이유가 있을 것입니다. 하나님께서 외면하여 지켜 주시지 않은 것입니다. 말 못하는 우상이 아닌 전지전능하신 하나님을 섬기며 하늘나라에 소망을 갖고 신령한 세계를 알아가는 삶만이 참으로 복되다 할 수 있습니다.

그러므로 내가 너희에게 알게 하노니 하나님의 영으로 말하는 우리는 십자가의 도를 들어 예수 그리스도께서 구세주 되심을 알았고, 마음 문을 열었습니다. 그럴 때 하나님께서 성령을 우리에게 주셨지요. 성령이 마음 안에 오셔서 영을 낳아갑니다. 즉 성령의 도움으로 죄를 깨닫고 의를 행하는 사람이 되어가는 것입니다.

이렇게 성령의 역사 속에 하루하루를 사는 사람이 어떻게 구세주인 예수를 저주할 자라 하겠습니까? 나쁘다, 악하다, 잘못되었다 욕할 수 있겠습니까?

성령을 받은 사람은 그럴 수 없습니다. 그 이전에는 예수가 구세주라는 것이 믿어지지 않으니 주님이라고 하지 않습니다. 입술로는 따라할 수 있겠지만 마음으로는 인정하지 않습니다. 그러나 성령을 받은 사람은 "예수 그리스도께서 우리 주님이시다." 하면 거부감 없이 "아멘." 하며 긍정합니다.

"하나님이 우리의 아버지이시다."라는 말에도 성령을 받지 않은 사람은 긍정할 수 없으나 받은 사람은 하나님이 우리의 영을 낳아 주신 분이기 때문에 기쁘게 아버지라고 부릅니다.

성령으로 말미암은 여러 은사

은사는 여러 가지나 성령은 같고 직임은 여러 가지나 주는 같으
며 12:4-5

'은사'란 하나님의 사랑 안에서 이루어지는 특별한 역사를 말씀합
니다. 하나님의 은혜로 우리에게 내려 주시는 선물과, 은혜 안에서 베
푸는 여러 일을 의미하지요. 구원의 역사, 성령받은 역사, 치료의 역사
등 모든 것이 하나님께서 주신 은사이며, 기도하여 응답받는 일도 하
나님께서 주시는 은사입니다.

그리고 우리에게 내려 주시는 선물 중에 특별한 이름을 붙인 은사
가 있는데, 바로 지혜의 은사, 지식의 은사, 믿음의 은사, 병 고치는
은사 등입니다.

은사는 성령의 역사를 따라 주시므로 성령을 받아야 나타납니다.
구약 시대 사람들은 성령을 받지 않았는데 어떻게 그들에게 예언의
은사가 나타났을까요? 그때에는 성령을 마음 안에 인치는 때가 아니

므로 성령이 외부에서 감동을 주실 때 예언할 수 있었습니다. 그러니 항상 예언한 것이 아니고 성령의 감동이 있을 때에만 가능했습니다.

반면에 우리는 성령 충만하면 하나님과 항상 교통할 수 있습니다. 이렇게 성령으로 은사가 주어지므로 성령 충만할 때 방언 은사를 받고 병 고치는 역사도 일어납니다. 성령 충만하려면 믿음을 가지고 불같이 기도하며 죄의 담을 헐어 버리는 과정이 필요합니다.

직임은 주님께서 주신 것

은사는 성령과, 직임은 주님과 관련이 있습니다. 권찰, 집사, 장로, 하나님의 종 등 여러 직임은 주님께서 주신 것입니다. 예수 그리스도를 증거해서 영혼을 구원하여 하나님 나라와 의를 이루고자 주신 것이지요. 직임은 주님께서 인정하시므로 주일학교 교사나 성가대 등 모든 직분이 중요합니다.

직분을 가진 것과 그렇지 않은 것에는 일에 대한 열심과 보람 면에서 많은 차이가 있습니다. 마찬가지로 하나님 안에서 직분을 받는 것은 귀한 일입니다. 만일 직분이 많다고 힘들어하고 억지로 감당한다면 장차 하나님 나라에 가서 인정받을 수 없습니다. 오직 감사하고 기뻐하며 믿음으로 감당해야 하나님께서 천국에서 상급으로 갚아 주시며 직분을 주시지요.

하늘나라에도 성가대, 악기 연주자 등 여러 직분이 있습니다. 이 땅에서는 직분을 감당하려면 때로 힘이 들기도 하지만 하늘나라에서는 전혀 힘들지 않고 기쁘고 행복합니다. 그런데 세상 일에 바쁘다고 교회에서 임명한 직분을 받지 않고 열심을 내지 않는다면 하나님 앞에 설 때 무엇을 받겠습니까?

예컨대, 우리가 어렸을 때에 선생님이 심부름을 시키면 좋아했지요. 선생님께 사랑받고 인정받는 것이어서 기쁘고 즐거웠던 것입니다. 하물며 창조주 하나님의 인정을 받아 일한다는 것이 얼마나 값지겠습니까? 그러므로 믿음이 있다면 직분이 주어진 것에 감사해야 합니다.

또한 "이 직분은 목사님이 주었지, 기관장이 임명한 것이지."라고 생각해서는 안 됩니다. 주님께서 주관하여 주님의 이름으로 받은 것임을 알아야 합니다.

또 역사는 여러 가지나 모든 것을 모든 사람 가운데서 역사하시는 하나님은 같으니 각 사람에게 성령의 나타남을 주심은 유익하게 하려 하심이라 12:6-7

역사는 하나님과 연관이 됩니다. 우리가 응답받고 역사되는 여러 일이 그때그때 다른데, 이러한 모든 역사를 하나님이 주관하신다는 말입니다.

모든 역사는 하나님께서 주관하시되 예수 그리스도의 이름으로 하시고, 직임은 주님이 주시며 성령의 능력으로 역사됩니다. 결국 삼위일체 하나님의 역사로써 모든 일이 이루어지는 것입니다.

7절에 '각 사람에게 성령의 나타남을 주심은 유익하게 하려 함이라' 했는데 우리에게 어떻게 유익합니까? 성령은 각 사람에게 오셔서 믿음을 심어 주고 죄를 버리며, 진리와 의 가운데 살아가도록 인도해 주십니다.

또한 성령이 역사하지 않으면 진리를 깨우칠 수 없습니다. 성령이 역사하여 우리가 하나님 뜻을 알고 그 길을 향해 나가니 응답받고 하나님께 영광 돌리게 되지요. 그러므로 모든 성령의 역사는 우리를 유익하게 합니다.

어떤 이에게는 성령으로 말미암아 지혜의 말씀을 어떤 이에게는 같은 성령을 따라 지식의 말씀을 12:8

여기서 "어떤 이에게는" 누구를 말하는 것일까요? 하나님께서는 우리에게 모든 은사를 주기 원하시지만 아무에게나 주는 것이 아니라 합당한 그릇을 갖춘 이에게 주십니다. 지혜에 관해서는 3장에서 자세히 설명했지요. 지혜에는 생활의 지혜, 마음의 지혜, 일 처리하는 능력의 지혜 등 여러 영역이 있습니다.

"지혜의 말씀"을 이해하기 위해 비유 들어 설명하겠습니다. 어떤 사람은 폐품을 모아 유용한 물건으로 만드는 사람도 있는데, 이렇게 폐품을 활용하는 것도 생활의 지혜입니다.

살림을 꾸려나가는 데에도 지혜에 따라 삶의 질이 달라집니다. 예를 들어 똑같은 생활비를 가지고도 누구는 부족해서 쩔쩔매는가 하면 누구는 식품비, 교육비, 주거비 등 쓸 것을 쓰고도 저축까지 합니다.

하나님 말씀도 마찬가지입니다. 말씀을 어떻게 지혜롭게 사용하는지가 사람마다 다릅니다. 지혜의 말씀을 은사로 받은 사람은 하나님 말씀을 꼭 필요한 때에 적절하게 사용합니다. 자기가 하는 것이 아니라 마음 안의 성령께서 하시기 때문입니다.

성령은 악하고 불의한 사람을 하나님 말씀으로 온유하고 착한 사람으로 변화시킬 수 있습니다. 상대에게 힘을 주며 기뻐하고 감사하는 삶으로 바뀌게 하며, 믿음을 심어 주어 천국 소망을 갖고 세상을 이기도록 인도합니다.

그러나 모든 사람이 다 변화되는 것은 아닙니다. 사람은 저마다 마음밭이 다릅니다. 옥토밭이 있고 가시떨기밭, 돌밭, 길가밭도 있습니다. 또 사람마다 정신력이나 인내하는 힘이 다르기 때문에 같은 말씀을 주어도 변화되는 정도가 다릅니다.

아예 양심이 무뎌져서 전혀 변화되지 않는 사람도 있지요. 열두 제자 중 가룟 유다는 예수님을 3년 동안 따라다니며 진리를 듣고 배웠지만 변화되지 않았습니다. 사도 바울이 기사와 표적을 베풀어 하나님을 증거하니 많은 사람이 따랐지만 그중에는 배신하고 세상으로 떠난 이도 많았습니다. 그러나 지혜의 말씀 은사를 받은 사람은 변화될 가능성이 있는 사람을 신속하게 변화시킬 수 있습니다.

그러면 어떻게 해야 지혜의 말씀 은사를 받을 수 있을까요?

야고보서 3장 17-18절을 보면 "오직 위로부터 난 지혜는 첫째 성결하고 다음에 화평하고 관용하고 양순하며 긍휼과 선한 열매가 가득하고 편벽과 거짓이 없나니 화평케 하는 자들은 화평으로 심어 의의 열매를 거두느니라" 말씀합니다.

우리가 성결한 만큼 하나님께서 주시는 지혜를 받을 수 있습니다. 먼저는 하나님 보시기에 성결하고 화평하고 관용하고 양순하며 편벽과 거짓이 없어야 하지요. 우리가 주님의 살을 먹고 피를 마시면 선과 화평과 온유와 사랑 등의 열매가 맺힙니다. 진리 안에 살아가므로 성결한 만큼 하나님으로부터 지혜를 받습니다. 이러한 모든 말씀이 내 자신에게 임하면 하나님의 무한한 지혜가 임합니다. 즉, 지혜의 말씀 은사를 받는 것입니다.

이 지혜의 말씀 은사가 임하면 큰 능력이 됩니다. 예를 들어 사업을 한다 해도 하나님이 주시는 지혜로 상대의 생각과 지혜를 앞서니 크게 번창할 수 있습니다. 자녀 교육, 가정의 복음화와 화평, 이웃을 전도하는 것 등 하나님 안에서 능치 못할 일이 없지요.

다음으로, "어떤 이에게는 같은 성령을 따라 지식의 말씀을" 했습니다. 지식이란 '어떤 사물에 관한 명료한 의식과 그것에 대한 판단, 알고 있는 내용, 알고 있는 사물, 판단의 체계'라고 사전에 정의되어 있습니다.

모태에서 막 태어난 아기는 지식이 전혀 없는 '무' 상태입니다. 이제 자라면서 보고 듣고 가르침을 받아 뇌세포에 입력하는데 그러한 내용물이 지식입니다.

이러한 지식 가운데에는 옳지 않은 것도 많습니다. 예를 들면, "누가 때리면 맞지만 말고 너도 같이 때려라."와 같은 것입니다. 성경 안에서 지식의 말씀의 은사란 하나님 말씀의 영적인 뜻을 바로 알고 이해하며 하나님의 마음을 알아 내 마음에 양식이 된 그 자체를 의미합니다. 우리가 지식의 말씀으로 무장하려면 말씀을 깨우칠 수 있는 영안이 열려야 합니다. 그렇지 않으면 하나님 말씀을 문자적으로만 알 뿐 참된 의미를 깨달을 수 없습니다.

예를 들어 집사나 권찰이라면 "항상 기뻐하라 쉬지 말고 기도하라 범사에 감사하라 이는 그리스도 예수 안에서 너희를 향하신 하나님의 뜻이니라."는 말씀을 다 압니다. 그러나 문자적으로만 아는 경우가 많지요. 그 안에 있는 영적인 뜻이 무엇인지 알아서 마음에 양식을 삼아야 지식의 말씀이 됩니다. 입으로 암송만 하면 무슨 소용이 있겠습니까?

그렇다면 이 말씀을 마음에 양식 삼은 사람에게서는 어떤 행함이 나올까요? 이런 사람은 "기뻐하라." 하면 왜 기뻐해야 하는지 그 영적인 의미를 알므로 어떤 시험 환난이 닥쳐와도 기뻐하고, 범사에 감사하며 기도합니다.

이렇게 하나님 말씀을 영적으로 깨우치고 양식 삼으면 신령한 차원으로 들어갑니다. 내 안에 영적인 말씀으로 무장되어 있지 않으면 행함이 따르지 않으므로 하나님의 역사를 받을 수 없습니다.

그러면 왜 이것도 은사라고 하는 것일까요? 성령의 도움이 아니면 깨우칠 수 없고 양식 삼을 수 없기 때문입니다. 평소에 하나님 말씀을 사랑하고 성령 충만한 사람은 성령의 도움을 받으니 설교 말씀이 꿀같이 달고 졸음이나 피곤, 잡념이 오지 않습니다. 그런 사람은 말씀이 지식으로 쌓여감에 따라서 믿음이 성장합니다.

믿음이 성장하는 만큼 하나님의 뜻과 마음을 알아 영계의 법에 합당하게 나가니 항상 형통한 길로 인도받습니다. 원수 마귀 사단이 방해하지 못하고 멀리 피해 가지요.

다른 이에게는 같은 성령으로 믿음을 어떤 이에게는 한 성령으로 병 고치는 은사를 12:9

어떤 사람은 하나님에 대해 들으면 처음부터 굳은 믿음을 갖는 것을 봅니다. 어떻게 이처럼 믿음의 은사를 처음부터 받을 수 있을까요? 앞서 사람의 마음에는 옥토밭, 가시떨기밭, 돌밭, 길가밭 등이 있다 했습니다. 옥토밭은 악이 없고 선한 마음입니다. 선한 마음을 지닌 사람은 하나님 말씀을 통해 "이것은 악이고 잘못이다."라는 것을 알면 말이든 습관이든 즉시 바꿉니다. 내 안에 발견된 것이 옳지 않다면 선한 양심을 좇아 과감히 버립니다.

또한 하나님을 만나는 체험을 하거나 살아 계시다는 증거를 보면 즉시 믿음으로 받아들입니다. 이런 사람에게 하나님께서 믿음의 은 사를 주십니다.

그러면 옥토밭이 아닌 사람에게는 어떻게 믿음의 은사를 줄까요? 믿음은 하나님께서 주셔야지 스스로 지닐 수는 없습니다. 마가복음 9장에 예수님께서 "할 수 있거든이 무슨 말이냐 믿는 자에게는 능치 못할 일이 없느니라"고 하실 때에 귀신들린 아들을 둔 아비가 "내가 믿나이다 나의 믿음 없는 것을 도와주소서."라고 하였습니다. 분명 히 "내가 믿나이다."라고 해 놓고 그 다음 말은 믿음 없는 것을 도 와달라고 합니다.

여기서 '믿나이다.'라고 고백한 것은 예수님께서 죽은 자도 살리고 소경의 눈을 뜨게 하는 능력자임을 들어서 안다는 것입니다. 그런데 이 지식적인 믿음으로는 치료받고 응답받을 수 없습니다. 마음에서 믿어지는 믿음이 아니기 때문입니다.

영적인 믿음이어야 응답받을 수 있는데 이는 하나님께서 주셔야 합니다. 아비는 마음에서 믿어지지 않으니 영적인 믿음을 달라고 간 구한 것이며, 이에 예수님이 응답하신 것이지요.

이처럼 믿음에는 두 가지가 있습니다. 말씀을 들어서 아는 지식적 인 믿음으로는 구원받을 수도, 응답받을 수도 없습니다. 이 지식적인 믿음이 영적인 믿음으로 바뀌었을 때 행함이 따르며, 그럴 때 비로소 구원받고 응답받을 수 있는 것이지요.

그렇다면 어떻게 해야 하나님이 주신 영적인 믿음을 소유할 수 있을까요?

하나님께서 주시는 믿음을 갖기 위해서는 머리로 아는 말씀을 행함으로 나타내야 합니다. 하나님께 기도하여 성령의 충만함을 받아서 비진리를 빼내며 대신 진리를 입력하고 진리 가운데 행하는 만큼 위로부터 영적인 믿음이 옵니다. 이렇게 되려면 기도하며 진리를 깨우치고 죄를 버리도록 성령께서 도와주셔야 하므로 "성령으로 믿음을" 주신다고 말씀합니다.

본문은 계속하여 "어떤 이에게는 한 성령으로 병 고치는 은사를" 이라고 했습니다. 병 고치는 은사란 어떤 균에 의해서 발생한 질병을 기도로 치료하는 것을 말합니다. 중한 질병이라도 회개하고 병 고치는 은사를 받은 이에게 기도받으면 치료됩니다.

또 진리를 알지 못해 죄 지은 사람이 간절히 기도하고 매달리면 하나님께서 긍휼히 여겨 질병을 치료해 주시는데, 이런 경우에도 병 고치는 은사를 받은 사람에게 안수받으면 쉽고 빠르게 나을 수 있습니다.

물론 질병에 따라 다릅니다. 일례로 암 3기 정도 되었다면 한 번

기도로 낫지 않을 수 있습니다. 이런 경우 자신은 깨닫지 못할지라도 말씀 안에 살지 않아서 암 세포가 자랐을 것입니다. 그동안 죄의 담을 쌓는 과정에 마음도 점점 악하게 변하여 진리가 들어가기도 쉽지 않습니다. 여기저기 병원을 다녀보다가 치료되지 않으니 하는 수 없이 하나님 앞에 나오는 경우가 대부분이지요.

그런 사람은 마음이 강퍅하여 말씀을 들어도 의심만 생기고, 쉽게 깨우치지 못합니다. 그러나 마음 문을 열고 죄를 회개하며 믿음을 가진다면 단번에 치료될 수도 있습니다.

병 고치는 은사를 받지 않았다 해서 병을 고치지 못하는 것은 아닙니다. 의인의 간구를 통해 치료되기도 하고(약 5:16), 사랑이 많은 사람이 성령의 감동 가운데 기도를 해 주면 병이 낫기도 합니다. 사랑의 기도는 하나님께 감동을 드리기 때문입니다.

또 여러분의 믿음이 좋을 때에도 역사하십니다. 예컨대, 믿음이 좋은 구역장이 구역원을 위해 기도할 때 낫는 경우가 종종 있습니다. "믿은 대로 될지니라." 말씀하신 대로 믿음의 역사를 하시는 것입니다.

그런데 병 고치는 은사를 받은 사람이 기도한다 해도 받는 사람이 믿음을 갖지 않으면 소용없습니다. 예수님께서는 소경들을 치료해 주실 때에도 "너희 믿음대로 되라" 말씀하셨습니다(마 9:29). 그러니 진리를 모르고 믿음도 전혀 없는 사람을 억지로 기도받게 해서는 안 됩니다. 다만 적은 믿음이라도 있다면 그 믿음만큼 역사하시므로 기도를 받아야 하지요.

간혹 믿음이 없는 사람에게 특별하게 하나님께서 역사하시는 경우
도 있습니다. 믿음이 없어 진리 안에 살지 못해 병을 얻었지만 일단
하나님의 능력을 체험하면 변개치 않고 신앙생활을 잘할 사람이라면
치료해 주시지요. 또 누가 다른 아픈 사람의 영혼을 구원해 달라고
기도를 많이 한 경우 그 응답으로 역사하는 경우도 있습니다.

이렇게 성경에는 이런 경우, 저런 경우가 나오므로 잘 분별할 수 있
어야 합니다. 그래야 경우에 맞게 상담하고, 올바로 알려 줄 수 있지
요. 누구는 기도받고 즉시 나았는데 누구는 낫지 않았다면 인도자
는 왜 그런지 진리로 분별하여 올바로 처방해 줄 수 있어야 합니다.

치료받기 위해 어떤 사람은 통회자복하여 하나님과 막힌 죄의 담
을 헐어야 합니다. 이런 경우에 통회자복하지 않으면 아무리 기도를
받아도 소용없습니다. 또 부모가 강퍅하거나 죄를 많이 지은 경우
사랑하는 자녀에게 질병이 틈타기도 합니다. 그럴 때에는 부모가 회
개하고 돌이켜야 합니다.

어떤 이에게는 능력 행함을 어떤 이에게는 예언함을 ^{12:10}

능력 행함이란 '사람으로서는 할 수 없는 일을 베푸는 것'을 말합
니다. 많은 사람이 병 고치는 은사와 능력 행함을 혼동하는데, 능력
행함은 병 고치는 은사보다 한 단계 높습니다.

예를 들어 병원에서 수술을 받거나 약물로 치료할 수 있는 병을 기도로 치료하는 것은 병 고침의 은사입니다. 그런데 불구나 사람의 힘으로 치료할 수 없는 선천적인 병을 고치거나 천기(天氣)를 움직이는 것은 능력 행함입니다.

능력 행함의 은사를 받으면 사람의 성품과 성격도 변화시킬 수 있습니다. 흔히 타고난 성품은 바꿀 수 없다는 말을 합니다. 그러나 하나님 능력으로는 다 할 수 있습니다.

구약에 보면 모세는 불같은 성격이었습니다. 하지만 40년의 연단을 통해 지면의 모든 사람보다 더 온유한 사람이 되었습니다(민 12:3).

또 우레와 같은 성격의 소유자인 요한도 사랑의 사도로 변했고, 바울도 불같은 성격이 변하여 모진 핍박을 받아도 기뻐하고 감사하는 온유한 사람이 되었습니다. 이처럼 능력 행함을 받으면 자신 또는 다른 사람의 성품을 변화시킬 뿐만 아니라 각종 불치병, 난치병을 고치며, 천기까지도 움직일 수 있습니다.

이러한 능력 행함은 하나님 뜻에 합한 사람에게 주십니다. 하나님을 지극히 사랑하는 믿음의 단계에 들어가면 하나님을 기쁘시게 하는 더 깊은 단계에 들어가기 위해서, 즉 무수한 영혼을 구원하고 능력받아 일하기 위해 자연히 불같은 기도를 합니다. 이러한 기도가 쌓이면 사람이 할 수 없는 놀라운 능력을 행하는 것입니다.

예언이란 성령의 감동을 받아 앞일을 예고하는 것을 말합니다. 하나님께서 예언의 은사를 주시는 이유는 앞일을 예고하여 덕을 세우며 권면하고 안위하기 위해서입니다(고전 14:3). 예를 들어 "이와 같은 일을 하면 앞으로 이러이러한 일이 있을 것이다."라고 말해 주는 것입니다.

예언은 하나님의 뜻 가운데 꼭 필요할 때만 성령의 감동으로 하게 하십니다. 그래서 누가 예언의 은사를 받았다고 하면 많은 경우 사실이 아닌 것을 봅니다. 그렇다면 어떻게 진위를 분별할 수 있을까요?

예언을 한다고 하면서 "당신은 이렇게 하시오. 저렇게 하시오." 한다면 가짜라고 보면 됩니다. 하나님은 점쟁이가 하는 식으로 역사하시지 않습니다. 간혹 자랑하고 드러내기를 좋아하는 사람이 마치 자신이 예언하는 것처럼 소문내어 사람들을 시험들게 하는 경우도 있으니 잘 분별해야 합니다.

그러면 왜 사람들이 예언에 대해 혼동을 빚을까요?

예언이 아닌, 성령에 의한 측량이 있습니다. 성령의 도움으로 상대의 마음을 읽고 측량하는 경우가 있는데 이것을 예언으로 잘못 이해하는 것입니다.

열심히 죄를 버려 나가며 기도를 많이 한 사람이 성령의 감동 가운데 상대의 마음을 읽으므로 "당신은 기도를 더 해야 되겠다, 당신 마음에 불안이 있다, 슬퍼하지 말고 기뻐하라."는 말을 했다면 이는 예언이 아닙니다.

분명히 성령께서 말씀하시고 성령의 감동으로 했을 때에는 상대에게 유익하므로 좋은 것입니다. 그러나 전하는 사람이나 받는 편에서 이를 예언이라 해서는 안 됩니다.

그런데 만일 자신이 진리에 온전히 서 있지 못하고 성결하지 않으면 아무리 기도를 많이 한다 해도 상대에게 이런 권면을 해서는 안 됩니다. 성령의 음성을 제대로 듣지 못하므로 그 말을 해서 상대가 실족할지 그렇지 않을지를 분별하지 못하기 때문입니다.

기도를 많이 하고 은혜 가운데 들어온 사람이 영감을 받거나 성령의 음성을 듣는 것은 당연합니다. 그러나 자기 눈에 들보가 있으면 권면할 자격이 없습니다. 내 눈에 들보가 있으면서 상대의 티를 지적하고 권면하면 사단의 역사가 일어납니다.

예언은 자기 생각 속에서 하는 것이 아닙니다. 하나님께서 예언하게 할 때에는 혀와 마음을 주관하십니다. 내 몸이 공중에 뜬 것같이 되며 육신은 온데간데 없는 상태에서 오로지 성령의 충만과 감동 가운데 내가 무슨 말을 하는지 모를 정도로 말을 하게 하시는데 이것이 바로 예언입니다.

그러나 기도를 많이 하여 성령 충만하다 보면 혀가 떨리는 현상이 올 수 있는데 그런 가운데 말이 나왔다 해서 다 예언은 아닙니다.

오래 참음이나 절제, 온유 등 성령의 열매가 맺혀 있지 않고 진리 안에 살지 않는 사람이 단지 열심히 기도하고 충만하여 이 말 저 말이 쏟아져 나온다고 예언이 아니지요. 기도하다가 내 생각 속에 나온 말을 예언인 줄 착각하는 경우도 종종 있습니다.

예언의 은사는 기도를 많이 하여 하나님 말씀 안에 순종하며 악의 모양도 없고 성결한 사람에게 하나님께서 주시는 은사입니다. 그런 사람은 하나님 앞에 온전히 순종하기 때문에 마음이 깨끗하며 입술에 거짓말도, 불의도 없습니다.

그러니 강퍅한 세대에서 참된 예언자는 극히 찾아보기 힘듭니다. 자기 판단 속에서, 혹은 사단의 역사를 받아 예언하는 경우가 흔하므로 속지 않도록 주의해야 합니다.

어떤 이에게는 영들 분별함을 다른 이에게는 각종 방언 말함을 12:10

영 분별이란 '하나님의 뜻을 아는 것'입니다. 하나님의 뜻을 알면 영계의 법칙을 알게 됩니다. 하나님 나라에도 법이 있는데 이러한 영계의 법칙을 알려면 말씀에 온전히 순종해야 합니다. 사망의 음침한 골짜기라도 하나님께서 가라 하시면 "예" 하고 가는 사람에게 영 분별이 따릅니다.

영 분별은 스스로 할 수 있는 것이 아닙니다. 하나님의 영으로 인도되어야 할 수 있으며 하나님께 온전히 순종할 때 영 분별 은사를 받을 수 있습니다.

온전한 영 분별의 단계에 들어가면 무엇이 신령한 것이고 무엇이 육적인 것인지 분별할 수 있습니다. 또한 성령의 음성과 내 생각, 선과 악, 참과 거짓을 분별할 수 있습니다.

또한 영 분별의 은사가 있으면 어떤 사람이 악한 세력에 접해 있거나 방해를 받는 경우 그의 주변이 까만 안개 같은 것으로 덮인 것을 보고 그러한 사실을 알 수 있습니다. 얼굴 빛이나 눈빛을 통해서도 그러한 것을 알고 대처할 수 있지요.

영 분별의 은사를 받기 위해서는 하나님 말씀에 온전히 순종해야 한다 했습니다. 온전히 순종하면 성령의 음성을 분명히 듣게 되므로 하나님 뜻을 좇아 나갈 수 있으며, 그럴 때 하나님 능력 안에서 영 분별을 할 수 있습니다.

그런데 하나님의 길이 아닌 엉뚱한 길로 가면서 그것을 순종으로 잘못 알아서는 안 됩니다. 온전히 순종하려면 자신의 생각은 차단되어야 합니다. 즉 나의 생각과 이론을 깨뜨려야 합니다.

고린도후서 10장 3-6절을 보면 "우리가 육체에 있어 행하나 육체대로 싸우지 아니하노니 우리의 싸우는 병기는 육체에 속한 것이 아니요 오직 하나님 앞에서 견고한 진을 파하는 강력이라 모든 이론을 파하며 하나님 아는 것을 대적하여 높아진 것을 다 파하고 모든 생각을 사로잡아 그리스도에게 복종케 하니 너희의 복종이 온전히 될 때에 모든 복종치 않는 것을 벌하려고 예비하는 중에 있노라"고 하였습니다.

여기에서 싸움은 영적 싸움입니다. 영적인 싸움에서 승리하려면 자신이 옳다고 생각하던 모든 이론을 깨뜨리고 하나님께서 싫어하시는 교만도 버려야 합니다. 그리고 하나님 말씀 안에 온전히 복종하면 원수 마귀 사단의 진이 깨지고 하나님께서 형통하게 인도해 주십니다. 진리를 알고 기도도 하며 믿음이 있다고 하지만 영 분별을 못하는 이유는 자신의 이론과 생각을 깨뜨리지 않고 여전히 내가 하나님보다 앞서기 때문입니다.

다음으로 방언 은사란 성령받은 사람들에게 나타나는 영의 기도를 말합니다. 방언 기도는 각 사람마다 다릅니다. 어느 사람은 일본어를, 어느 사람은 중국어를, 어느 사람은 영어를, 어느 사람은 전혀 알아들을 수 없는 방언을 하기도 하므로 "각종 방언 말함을"이라고 말씀합니다. 방언을 하다 보면 깊숙이 들어감에 따라 자꾸 바뀌는 것을 볼 수 있습니다. 방언이 바뀌면 그만큼 영계를 한 단계 더 뚫고 올라갔다는 증표가 됩니다.

방언 은사는 성령받은 사람이라면 누구에게나 나타날 수 있습니다. 그런데 성령을 받고도 방언 은사가 나타나지 않는 경우가 있습니다. 내성적이어서 부끄러움을 잘 타는 데에다 옆 사람을 의식하여 부르짖어 기도하지 않으니 성령 충만하지 못한 경우입니다.

하나님은 성령받은 자녀들이 항상 깨어 기도하며 성령 충만하기 원하십니다. 성령이 충만하면 방언 은사는 자연히 따릅니다. 어떠한 기도 모임을 통하여 받기도 하고 개인이 부르짖어 기도할 때에 주어지기도 합니다.

또 성령받을 때에 방언 은사와 예언 은사가 함께 오는 경우도 있습니다. 성경에 보면 성령받을 때 방언을 하고 예언도 하는 장면이 나오는데 하나님께서 매우 기뻐하시는 경우입니다(행 19:6). 예언 은사는 쉽게 받는 것이 아닙니다. 그러나 방언 은사는 우리의 기도에 도움이 되는 것으로서 쉽게 받을 수 있습니다.

방언 은사를 받으면 매우 유익합니다. 우선 기도를 잘할 수 있습니다. 방언 기도를 많이 하면 영안이 열립니다. 영적으로 충만해서 말씀을 잘 깨우치고 영적으로 성장하기 때문입니다.

씨앗을 뿌려서 그냥 놓아두는 것보다 흙을 잘게 부스러뜨려 물을 주면 잘 자랍니다. 마찬가지로 우리가 방언 기도를 통해 충만하여 하나님 말씀을 양식 삼으니 영안이 쉽게 열리는 것입니다.

우리는 자신의 앞길을 알지 못합니다. 몇 시간 후에 무슨 일이 일어날지 모릅니다. 그런데 나는 알지 못해도 내 안에 있는 영은 압니다. 나는 알지 못하지만 내 영은 앞으로 있을 위험한 일이나 문제까지도 분명히 알기 때문에 하나님 앞에 기도를 올리는 것입니다.

성령의 감동 속에 내 영이 "이런 위험한 일이 있으니 막아주세요."라고 방언 기도를 올리지요. 하나님께서 이 기도를 받고 피할 길을 주며 합력하여 선을 이루십니다. 이렇게 방언 기도를 많이 하면 시험 환난을 물리치고 막아낼 수 있습니다.

또 내 영이 기도하기 때문에 자신에게 가장 중요한 것을 하나님 앞에 구합니다. 물론 육의 것이 아닌 영적인 것을 구하지요. 예를 들어 "내가 혈기가 많으니 혈기를 버려야겠다."고 영이 갈급하게 기도를 올립니다. 그러면 하나님께서 혈기를 버릴 수 있도록 도와주십니다. 이렇게 자신의 속사정까지 영이 알아서 기도해 주므로 응답이 신속하게 옵니다.

영의 기도는 원수 마귀 사단이 알아듣지 못하므로 훼방하지 못합니다. 방언 기도는 통역 은사를 받지 않은 이상 기도를 하는 자신도 모르고 내 영과 하나님만이 아십니다.

우리 마음을 알면 원수 마귀는 훼방거리를 만듭니다. 예를 들어 주일을 잘 지키지 않는 사람이 "다음 주부터는 꼭 주일을 지켜야 되겠다." 하고 마음먹으면 원수 마귀는 그날 무슨 약속이 있게 만들거나 사업상 무슨 일이 생기게 해서 주일을 지키지 못하게 합니다.

그러나 앞에 어떤 위험이나 문제가 있을 때 방언으로 기도하면 원수 마귀가 알아듣지 못하니 훼방거리를 만들지 못하며 하나님께서 응답하여 피할 길을 주십니다.

또 방언 기도를 하다 보면 깊은 영계로 들어가니 기도를 잘할 수 있으며, 충만함이 더해 능력을 받는 데에 큰 도움이 됩니다. 그래서 능력을 행하는 사람이라면 당연히 방언을 합니다. 방언을 못하면 이러한 능력의 단계로 들어가지 못합니다. 하나님 능력을 위로부터 끌어내리기 쉽지 않기 때문입니다. 이렇게 방언은 여러 모로 유익하여 하나님께서 누구에게나 주기 원하시는 것입니다.

방언 통역의 은사는 성령이 충만하여 감동을 받아서 방언을 해석하는 것입니다. 그런데 방언 통역이 아닌 것을 통역으로 잘못 아는 경우가 있습니다. 예를 들어 방언을 하다가 갑자기 우리나라 말이 나오니 방언 통역의 은사를 받은 것으로 오해하는 것입니다.

그러나 그것은 방언 통역이 아닙니다. 우리가 방언 기도에 깊숙이 들어가다 보면 간혹 그런 체험을 합니다. 예컨대 방언 찬송까지 나오는 충만함에 들어간 사람이 방언 기도를 하다 보면 너무 감동한 나머지 생각하지 않아도 우리 말 기도가 나옵니다. 그것은 더 깊은 '마음의 기도'이지 방언 통역은 아닙니다.

방언 통역의 은사는 쉽게 받는 것이 아닙니다. 성결의 단계에 들어간 경우, 혹은 하나님의 특별한 뜻 가운데에서 꼭 필요한 사람에게만 주십니다. 예언 은사나 방언 통역 은사를 받으려면 생각을 차단할 수 있는 능력을 지녀야 합니다.

자기 생각을 차단하지 못하면 설령 하나님께서 은사를 주신다 해
도 자신의 생각이 함께 섞여 나오기 때문입니다. 더구나 진리 안에 살
지 못하는 사람에게는 주시지 않습니다. 그런 사람에게 준다면 사단
의 역사를 받기 때문입니다.

이처럼 은사 중에는 누구에게나 주시는 은사도 있고, 필요에 따라
서 주시는 은사도 있습니다. 지혜의 말씀, 지식의 말씀, 믿음, 영들 분
별함, 각종 방언 말함 등은 자신의 그릇만 준비되면 누구에게나 주
시는 은사입니다.

성령의 은사를 많이 받을수록 더 능력이 되며 하나님과도 더욱 온
전히 교통하니 필요에 따라 구하되 성령의 주관을 받아 구해야 합니
다. 오늘날 은사에 대해 잘 알지 못하여 여러 가지로 분란이 일어나
는 경우가 있습니다. 그러므로 은사를 사모하되 바로 알고 기도하여
질서 있고 아름답게 하나님 나라와 의를 이루어야 하겠습니다.

우리는 그리스도의 몸이요 각 지체

몸은 하나인데 많은 지체가 있고 몸의 지체가 많으나 한 몸임과 같이 그리스도도 그러하니라 우리가 유대인이나 헬라인이나 종이나 자유자나 다 한 성령으로 세례를 받아 한 몸이 되었고 또 다 한 성령을 마시게 하셨느니라 12:12-13

몸에는 눈, 코, 입, 손, 발 등 많은 지체가 있습니다. 지체는 여럿이지만 한 몸입니다. 그리스도 안에서도 그러한데, 주님은 포도나무요, 우리는 가지로서 하나입니다(요 15:5).

그러면 왜 이러한 말씀을 기록했을까요? 이것은 성령의 아홉 가지 은사에 대해 비유를 들어 설명하는 것입니다. 우리의 몸은 하나이지만 여러 지체가 모여 하나를 이룸과 같이, 성령은 한 분이시되 성령의 역사를 따라 아홉 가지 은사가 주어지고 이것이 결국에는 성령 안에서 하나를 이룹니다. 아홉 가지 은사도 한 성령 안에서 나온 것이며 그리스도 안에서 모두 하나를 이룬다는 말입니다.

유대인이란 하나님의 선민을 말합니다. 오늘날로 말하면 믿는 사람입니다. 믿는 사람은 영적으로 유대인입니다. 헬라인이란 이스라엘 선민이 아닌 이방인입니다. 이방인은 하나님을 알지 못하므로 오늘날로 말하면 믿지 않는 사람을 가리킵니다.

그래서 "유대인이나 헬라인이나 종이나 자유자나"라는 말은 곧 믿는 사람이든 믿지 않는 사람이든, 부유하든 가난하든, 명예와 권세가 있든 없든 관계없이 모든 사람을 말합니다. 믿지 않는 이방인도 복음을 듣고 마음의 문을 열면 한 성령으로 세례를 받아서 그리스도 안에서 한 몸이 됩니다. 그러므로 주 안에서는 누가 귀하고 천하다, 잘나고 못났다 할 것이 없으며 모두 같은 하나님의 자녀요, 한 형제입니다.

성령을 받으면 그 안에서 하나님 말씀을 깨우쳐 죄를 버리고 의 가운데 살아갑니다. 이렇게 우리가 주님의 살과 피를 먹고 마심으로 죄를 버리며 나가는 것이 성령을 마시는 것입니다.

몸은 한 지체뿐 아니요 여럿이니 만일 발이 이르되 나는 손이 아니니 몸에 붙지 아니하였다 할지라도 이로 인히여 몸에 붙지 아니한 것이 아니요 또 귀가 이르되 나는 눈이 아니니 몸에 붙지 아니하였다 할지라도 이로 인하여 몸에 붙지 아니한 것이 아니니 만일 온몸이 눈이면 듣는 곳은 어디며 온몸이 듣는 곳이면 냄새 맡는 곳은 어디뇨 12:14-17

우리 몸에는 여러 지체가 있습니다. 발이 생각하기를 "손은 악수도 할 수 있고 자유자재로 무엇을 만들 수 있는데 나는 그렇지 못하니 별로 쓸모가 없구나." 하며 "그러니 나는 몸에 붙어 있지 않다."라고 말한다 해도 여전히 한 몸에 붙어 있습니다.

귀도 마찬가지입니다. 눈은 재미있는 영화나 아름다운 꽃을 볼 수 있고 주인의 사랑도 많이 받는 것 같은데 나는 그렇지 않으니 "몸에 붙어 있지 않다."라고 한다 해도 여전히 몸에 붙어 있습니다.

만일 온몸이 눈이라면 들을 수 없습니다. 영화를 보는데 눈만 있다면 알아들을 수 없으니 얼마나 불편하겠습니까? 또 온몸이 귀로만 되어 있다면 볼 수 없고 냄새를 맡을 수 없으니 어떻게 하겠습니까? 냄새를 못 맡는다면 가스 위험에 노출될 수 있고 평생 향기로운 냄새를 맡지 못하며 살아야 합니다.

그러나 이제 하나님이 그 원하시는 대로 지체를 각각 몸에 두셨으니 만일 다 한 지체뿐이면 몸은 어디뇨 이제 지체는 많으나 몸은 하나라 12:18-20

하나님께서 말씀으로 천지 만물을 창조하셨습니다. 어느 것 하나 우연히 진화하여 이룬 것이 없습니다. 하나님 지혜로 만드셨기 때문에 몸의 모든 지체가 꼭 필요한 곳에 있지요. 눈, 코, 입, 귀 등 모두 가장 적합한 위치에 균형을 이루고 있습니다.

본문은 이 모든 지체를 하나님께서 그 원하시는 대로 각각 몸에 두셨다고 했습니다. 하나님께서 아담을 창조할 때에 가장 필요 적절하게 만드셨습니다. 눈이나 귀는 두 개면 좋겠고 입은 하나면 되겠기에 그렇게 만드셨습니다.

이것은 문자적 의미이고 영적인 뜻은 무엇일까요?

예수님께서 피 흘려 몸된 교회를 세워 주셨습니다. 그래서 교회의 머리는 예수 그리스도이며, 하나님께서 주인이십니다. 그리고 성령께서 그리스도의 몸 안에서 역사하여 아홉 가지 은사를 통해 아버지 하나님의 나라와 의를 이루게 하십니다. 이를 위해 지체, 곧 교회 안에 여러 직분을 두셨습니다.

5절에서 말씀한 대로 목사, 장로, 권사, 집사, 권찰 등 필요에 따라 적절하게 질서와 조직을 세우셨습니다. 그 외에도 기관장, 구역장, 지역장, 교구장 등이 있고 봉사위원, 안내위원, 성가대, 주일학교 교사 등이 있습니다.

예수 그리스도의 몸은 하나이되 이러한 많은 지체가 형성되어 하나님 나라와 의를 이루도록 합니다. 하나님 뜻 가운데 사람 몸에 여러 지체를 배열한 것처럼 그리스도의 몸된 교회에도 여러 지체를 아름답게 배열해 놓은 것입니다.

모든 직분은 다 중요합니다. 예컨대, 식당에서 봉사하는 성도는 드러나지 않으니 덜 중요하다고 생각해서는 안 됩니다. 시계는 크고 작은 톱니바퀴가 서로 맞물려 돌아가서 제 역할을 합니다. 큰 톱니바퀴든 작은 톱니바퀴든 어느 것 하나 중요하지 않은 것이 없지요. 마찬가지로 교회 안의 모든 직분도 사람의 생각 속에서 크다, 작다 하는 것이지 하나님 편에서는 똑같이 중요합니다.

같은 의미로 성령의 아홉 가지 은사도 하나님 나라와 의를 위하여 중요하지 않은 것이 없습니다. 예를 들어 방언 은사는 많은 사람이 받으니 중요하지 않은 것이 아닙니다. 방언 은사를 받아 불같이 기도하여 영적 차원으로 들어가 영안이 열리고 능력을 받으니 매우 중요하지요.

지혜의 말씀 은사를 받지 못하면 문자적으로 말씀을 알아 결국 머리로만 믿는 쭉정이가 되니 구원받지 못할 수도 있습니다. 또 믿음이 없으면 구원받을 수 없으니 믿음의 은사도 중요합니다.

병 고치는 은사를 통하여 믿음을 심어 줄 수 있습니다. 또한 의심이 많은 사람에게는 능력 행함을 통해 살아 계신 하나님을 믿게 해 줍니다. 예언을 통해 앞일에 대비하며 더 온전히 진리 가운데 살 수 있습니다. 영을 분별하지 못하면 미혹당하여 멸망의 길로 갈 수도 있으니 영 분별 은사도 필요합니다.

방언을 하면서 통역이 없다면 자신이 무슨 기도를 하는지 모르므로 굳이 방언하거나 방언을 받으려고 할 필요를 못 느낄 것입니다. 방언을 통역함으로써 그 중요성을 아니 방언 은사를 사모하고 열심을 냅니다. 그러니 성령의 아홉 가지 은사 중에서 어느 하나 중요하지 않은 것이 없습니다.

우리 몸의 지체 중에서 눈은 다른 것보다 사랑받는 편입니다. 그렇다 해서 눈이 교만하여져서 손을 쓸데없다 할 수는 없습니다. 눈에 먼지가 들어가면 손의 도움이 필요하고 손이 있어야 눈을 예쁘게 가꾸어 빛을 낼 수 있습니다. 마찬가지로 눈이 없다면 손도 마음대로 무엇을 할 수 없으니 눈과 손이 모두 중요하고 서로 돕는 위치입니다.

또 머리가 "내게는 지식이 있고 생각과 지혜가 나오니 얼마나 중요한가!" 하면서 발을 하찮다 할 수 없습니다. 발이 움직여 주지 않는다면 머리 혼자 우두커니 있어야 하고 발도 머리가 없으면 아무 쓸모가 없으니 둘 다 소중합니다.

교회 안의 직분자도 마찬가지입니다. 각각 자기 위치에서 서로 협조하므로 마치 기름칠이 잘된 기계와 같아야 원활하게 돌아가며 생명력이 있습니다. 기름칠이 잘되지 않아서, 즉 순종을 하지 않아서 마찰이 일어나면 서로 고통받으며 일이 잘 진행되지 않습니다. 온전히 순종하고 질서 안에서 잘 맞물려 돌아갈 때에 하나님 나라와 의를 이룰 수 있습니다.

이뿐 아니라 몸의 더 약하게 보이는 지체가 도리어 요긴하고 우리가 몸의 덜 귀히 여기는 그것들을 더욱 귀한 것들로 입혀 주며 우리의 아름답지 못한 지체는 더욱 아름다운 것을 얻고 우리의 아름다운 지체는 요구할 것이 없으니 오직 하나님이 몸을 고르게 하여 부족한 지체에게 존귀를 더하사 몸 가운데서 분쟁이 없고 오직 여러 지체가 서로 같이하여 돌아보게 하셨으니 만일 한 지체가 고통을 받으면 모든 지체도 함께 고통을 받고 한 지체가 영광을 얻으면 모든 지체도 함께 즐거워하나니 너희는 그리스도의 몸이요 지체의 각 부분이라 12:22-27

우리 외모 가운데 코는 지저분하게 보입니다. 콧속을 들여다보면 실제 새카맣고 지저분합니다. 그러면 코에게 "너는 더럽고 천하다."고 할 수 있을까요? 이 코로 호흡해야 살아갈 수 있습니다. 감기에 걸려 코가 막히면 그 중요성을 알 수 있지요.

콧속의 털도 하찮게 보이지만 이 털이 코로 들어가는 공기 속의 먼지를 걸러 건강한 몸을 유지하도록 해 줍니다. 그런 하찮고 아름답지 않게 보이는 것에까지 하나님께서 귀한 사명을 감당하도록 하셨습니다. 하찮아 보이는 지체에 존귀를 더하여 괄시하지 못하게 하고 다 사랑받을 수 있도록 하신 것입니다.

그렇다면 왜 이런 말씀을 하셨을까요? 우리 몸을 놓고 볼 때에 몸 안의 주인인 영(靈)에게는 손도 귀하고 눈, 귀, 머리 등 모든 것이 귀합니다. 마찬가지로 교회 안의 모든 직분이 하나님 편에서 볼 때 다 귀합니다. 낮다고 생각되는 직분을 하나님께서는 귀하게 쓰이도록 역사하십니다. 덜 귀한 것 같은데 하나님께서 골고루 귀히 여기게 하셔서 서로 분쟁이 없게 하는 것입니다.

손을 꼬집으면 전신이 함께 고통받습니다. 만약에 손목이 하나 없다면 다른 손이 기뻐할까요? 얼마나 마음 아프겠습니까? 이렇게 온 지체가 몸에 붙어 있어 서로 사랑함과 같이 교회 안에서 서로 사랑하고 하나 되는 것이 당연하며, 이는 가정이나 사회, 직장에서도 마찬가지입니다.

그러니 교회 안에서 어느 구역이 부흥하여 하나님께 영광 돌리면 다른 구역들도 같이 기뻐하고 감사해야 합니다. 내 몸, 즉 그리스도의 몸에 유익하기 때문입니다. 그렇지 않고 시기 질투가 나며 밉다면 그는 그리스도의 몸 안에서 썩어 들어가는 고장 난 지체입니다. 그렇다면 신속히 썩은 분야를 잘라내야겠지요.

사도 바울의 지혜는 참으로 뛰어납니다. 그 지혜는 성령의 역사로 나온 것입니다. 그는 하나님의 뜻을 온 성도가 알게 하여 시기 질투하지 않도록 교회를 안정시켰습니다. 그 다음에, 질서 속에서 일을 잘 이루도록 하나님 뜻 안에서 높고 낮음의 차례를 두었습니다. 이 질서 가운데 아름답게 돌아가야 하나님 나라와 의가 이루어진다는 것을 설명합니다.

이러한 질서를 모르고 "높고 낮음이 없이 다 똑같으니 내가 왜 순종해야 하는가?"라고 할 수 없다는 것이지요. 무슨 일을 할 때 오른손이 주로 해서 왼손이 질투하는 것이 아니라 서로 기뻐하고 즐거워하며 합력하여 선을 이루어 나가야 합니다. 이것이 질서입니다. 그래서 교회 안에서도 하나님의 뜻 가운데 첫째는 사도, 둘째는 선지자, 셋째는 가르치는 자를 두었고 그 다음에 능력, 병 고치는 은사, 그 외 여러 가지를 두셨습니다.

교회 안에 두신 질서

하나님이 교회 중에 몇을 세우셨으니 첫째는 사도요 둘째는 선지자요 셋째는 교사요 그 다음은 능력이요 그 다음은 병 고치는 은사와 서로 돕는 것과 다스리는 것과 각종 방언을 하는 것이라 12:28

이와 같은 질서는 직분을 따라 사람이 세운 것이 아니라 하나님께서 세우신 영적 질서입니다. 주님의 몸된 교회를 통하여 수많은 영혼이 구원에 이를 수 있도록 하나님이 친히 세우신 질서에 대해 살펴보기로 하겠습니다.

첫째는 사도입니다. 고린도전서 1장에서 설명한 대로 사도란 하나님의 인정을 받아 온전히 순종하여 드리는 종을 말합니다. 자신의 생각은 없고 하나님 뜻이라면 순종하여 오직 "예"만 있는 것이 사도입니다. 하나님 뜻을 좇아 종의 형체로 이 땅에 오셔서 생명을 주신 주님을 닮아 사명을 온전히 감당하며 목숨까지 희생할 수 있는 순종에 이른 사람이지요. 그러니 사도에게는 하나님 보좌가 있는 새 예루살렘에 들어갈 수 있는 자격이 있습니다.

둘째는 선지자입니다. 여기서 선지자는 하나님의 뜻 가운데서 부른 종을 말합니다. 하나님께서는 "저 종은 이렇게 연단하면 이만한 일을 할 수 있다."는 것을 아시기 때문에 기뻐하고 부르신 것입니다. 사도와 마찬가지로 선지자도 하나님께서 친히 연단하여 하나님 뜻에 합당한 그릇으로 만들어 쓰십니다. 그러한 종은 열심히 성결하기 위해 노력하며 하나님의 일들을 이루어 갑니다.

하나님의 종뿐만 아니라 양 떼도 마찬가지입니다. 하나님 앞에 합당한 양 떼는 성결하기 위해 열심히 죄를 버리면서 자신의 마음을 옥토밭으로 개간하여 하나님의 일을 이룹니다. 예를 들어 교회 안의 어느 기관은 모여서 웃고 떠들며 즐기다가 그냥 흩어지는 반면, 어떤 기관은 열심히 심방, 전도, 금식, 기도하며 하나님 나라를 이루기 위해 나아갑니다. 후자와 같이 하나님 나라를 개척하는 사람을 하나님께서는 영적으로 선지자 대열에 세우십니다.

셋째는 교사, 즉 가르치는 선생입니다. 하나님께서 가르치는 직분을 이렇게 높은 위치에 두십니다. 아무리 교회에 왔다 갔다 해도 그를 가르치지 않으면 소용없습니다. 믿음은 듣는 데에서 나기 때문입니다. 가르치는 사람이 있어야 듣고 깨우치고 진리 가운데 들어가 생명의 길로 갈 수 있습니다. 그러나 자리만 지킨다고 해서 다 교사는 아닙니다. 단 한 명을 두고라도 최선을 다해 진리를 가르쳐야만 참된 교사입니다.

그 다음은 능력이라 했습니다. 능력을 행함으로 살아 계신 하나님을 나타낼 수 있습니다. 아무리 열심히 가르쳐도 하나님이 살아 계신 증거를 나타내 주지 않으면 믿어지지 않습니다. 그래서 의학이나 과학으로는 도저히 해결할 수 없는 것을 하나님의 능력으로 해결해 줄 수 있어야 합니다. 이러한 능력 행함이 따를 때에 하나님 말씀을 믿고 배운 것을 행하려고 노력하는 것을 볼 수 있습니다.

그 다음은 병 고치는 은사와 서로 돕는 것과 다스리는 것과 각종 방언을 말하는 것이라 했습니다. 병 고치는 은사는 주로 균에 의한 가벼운 질병을 치료합니다. 이를 통해 상대의 믿음을 자라게 하지요. 다만 가벼운 병이 아닌, 의학적으로 치료 불가능한 선천적인 병이나 지체장애의 경우는 능력 행함의 은사나 그 이상의 권능을 가진 사람이 기도해 주어야 치료가 됩니다.

또한 서로 돕는 것도 중요합니다. 기도와 권면으로 돕거나 상대에게 위로와 힘을 주며 물질로 도울 수도 있습니다. 이렇게 사랑으로 섬기고 희생하면서 도와줌으로 그리스도의 빛과 향기를 내며 하나님 나라와 의를 이룰 수 있습니다.

이어 다스리는 것이 있는데, 먼저 자신의 마음을 다스릴 수 있어야 합니다. 우리가 악과 불의를 버리고 성결하면 성령의 아홉 가지 열매가 맺혀 자신의 마음을 다스릴 수 있습니다. 이러한 사람은 덕과 사랑으로 많은 사람을 포용하며 다스려 나갑니다. 권한이나 힘 또는 강한 말로 다스리는 것이 아니라 오히려 섬김으로 형제를 포용하여 사랑으로 다스리는 것이지요.

마지막으로 하나님이 교회 안에 두신 질서는 각종 방언을 말하는 것입니다. 하나님의 자녀라면 누구든지 방언의 은사를 받을 수 있습니다. 방언을 열심히 하면 더 깊은 영적 차원으로 들어갈 수 있습니다. 또한 성령의 충만함이 임하고 각종 병이나 시험 환난이 물러가며 기도의 응답이 신속히 오니 방언을 말하는 것도 중요합니다.

다 사도겠느냐 다 선지자겠느냐 다 교사겠느냐 다 능력을 행하는 자겠느냐 다 병 고치는 은사를 가진 자겠느냐 다 방언을 말하는 자겠느냐 다 통역하는 자겠느냐 너희는 더욱 큰 은사를 사모하라 내가 또한 제일 좋은 길을 너희에게 보이리라 12:29-31

모든 사람이 능력을 나타내거나 가르치는 것이 아닙니다. 저마다 받은 은사대로 하되 더 큰 은사를 받아 영광 돌리기 위해 기도해야 합니다. 내게 병 고치는 은사가 있다면 열심히 기도하여 능력을 행하며 하나님께 인정받는 교사, 선지자, 사도가 되려고 해야 합니다. 교회 안의 모든 직분도 마찬가지입니다. 작은 사명이라도 귀히 여기고 받고자 노력해야 합니다.

13장
영적 사랑

영적 사랑과 육적 사랑

큰 능력과 믿음이 있을지라도

영적 사랑이란

천국에서 영원히 필요한 것은 사랑

영적 사랑과 육적 사랑

내가 사람의 방언과 천사의 말을 할지라도 사랑이 없으면 소리 나는 구리와 울리는 꽹과리가 되고 13:1

12장 끝 절에서 "너희는 더욱 큰 은사를 사모하라 내가 또한 제일 좋은 길을 너희에게 보이리라." 말씀하셨습니다. 여기에서 더욱 큰 은사는 사랑이지요. 예수님께서는 사랑으로 율법을 이루셨습니다. 또 하나님은 사랑의 결정체이십니다. 그리고 우리가 신앙생활을 하며 하나님 나라와 의를 이루는 궁극적인 목적도 '사랑'을 완성하기 위해서입니다.

그러면 하나님께서 말씀하시는 참된 사랑이 무엇일까요?

사랑에는 크게 영적 사랑과 육적 사랑이 있습니다. 영적 사랑은 하나님이 주시는 사랑이고, 영원히 변하지 않으며 상대를 위해 자신의 모든 것을 희생하는 것입니다. 반면 육적 사랑은 자기 유익을 구하는 사랑으로 시간이 흐르면 쉽게 변질되거나 사라집니다.

세상에는 부모와 자녀 간의 사랑, 부부간의 사랑, 형제간의 사랑, 이웃이나 친구간의 사랑 등이 있으며 각각 농도가 다릅니다.

자녀를 위해 희생하는 부모의 사랑을 세상에서는 가장 숭고한 사랑이라고 하기도 합니다. 자신이 좋은 것을 먹고 입고 갖기보다 자녀에게 먼저 주기 원하는 것이 부모의 마음입니다.

그런데 이렇게 '자기보다 자녀를 먼저 생각한다.' 하는 마음 한편에 자신의 유익을 구하는 마음이 종종 숨어 있습니다. 자신의 만족이나 자랑을 위해 자신의 뜻대로 자녀를 이끌어가고자 하는 것입니다. 그러니 그 뜻대로 따르지 않을 때에는 몹시 서운해합니다.

만약에 자녀가 심히 속을 썩이고 부모를 공경하지 않는다면 자녀를 위해 희생하던 마음도 변하겠지요. 이러한 것은 나의 유익을 구하는 육적인 사랑입니다. "나는 자녀를 위해 생명도 줄 수 있습니다."라고 하지만 자기가 낳은 자녀만을 사랑한다면 이것도 자기 이익을 찾는 사랑입니다. 내 자녀가 아닌 다른 사람의 자녀도 똑같이 사랑할 수 있어야 영적인 사랑이지요.

부부간의 사랑은 어떻습니까? 서로를 위해 헌신하며 세상을 감동케 하는 사랑도 있지만 그리 흔한 것은 아닙니다. 연애할 때는 "당신 아니면 못 산다." 해놓고 막상 자기 이익에 맞지 않으면 이혼하자는 말을 쉽게 합니다. 당신만을 영원히 사랑하겠다고 했는데 지나고 보니 거짓말이었지요.

　형제간의 사랑도 돈에 얽히면 남보다 못한 경우가 있습니다. 이를 테면 형편이 어려운 동생이 자꾸 도움을 청하면 좋던 우애에도 금이 가지요. '동생이 나타나지 않았으면…' 하거나 아예 오지 말라고 말하기도 합니다. 자기의 유익을 구하는 육적인 사랑이었기 때문에 변한 것이지요.

　하나님의 사랑은 그렇지 않습니다. 자신을 온전히 희생하는 사랑이고, 변함이 없으며 숭고하고 참된 영적 사랑입니다. 또한 우리를 영생과 구원에 이르게 하는 사랑이지요.

　본문 1절에 "내가 사람의 방언과 천사의 말을 할지라도"라고 하였습니다. 여기서 말하는 방언은 고린도전서 12장에 나오는 방언 은사와 다릅니다. 한국어, 일본어, 영어, 중국어 등 언어가 많은데 이를 총칭하여 '사람의 방언'이라 합니다. 짐승이나 새의 소리가 아니라 사람의 입을 통하여 나오는 각 나라 말을 방언이라 합니다.

　천사라고 하면 흠과 티가 없이 깨끗하고 악이 없는 아름다운 모습이 연상됩니다. 그러한 천사의 입에서 나오는 말이라면 얼마나 아름답고 청아하겠습니까? 그래서 사람이 예쁜 소리로 아주 유창하고 부드럽게 말할 때 "천사같이 말한다."라고 말합니다.

　그러나 아무리 말에 능통하고 천사처럼 아름다운 소리로 말을 할지라도 사랑이 없으면 소리 나는 구리와 울리는 꽹과리가 된다고 말씀합니다. 속이 빈 구리를 치면 둔탁한 소리가 납니다. 두께가 얇은

놋쇠로 만든 꽹과리를 치면 '깨갱깨갱' 하고 공허한 소리가 납니다. 청산유수로 천사의 말을 한다 해도 영적 사랑이 없으면 이와 같이 아무 소용이 없다는 말씀입니다.

큰 능력과 믿음이 있을지라도

내가 예언하는 능이 있어 모든 비밀과 모든 지식을 알고 또 산
을 옮길 만한 모든 믿음이 있을지라도 사랑이 없으면 내가 아무
것도 아니요 13:2

예언하는 능이 있으면 앞일을 훤히 압니다. 앞일을 알고 미리 알려
준다면 얼마나 좋겠습니까? 모든 비밀이란 만세 전에 감추어진 하
나님의 비밀, 즉 '십자가의 도'를 말합니다. 죄로 인해 사망의 길로
가던 인류를 구원하시기 위한 하나님의 주권적 섭리이지요. 이는 예
수 그리스도를 통해 성취되기 전까지는 하나님 외에 아무도 알 수
없었기에 '비밀'이라 하는 것입니다.

또 모든 지식이란 세상 지식이 아니라 하나님의 진리 말씀을 깨우
쳐 아는 지식을 말합니다. 이러한 모든 비밀과 지식을 알아도 사랑
이 없다면 소용이 없습니다. 머리로만 아는 것은 참 믿음이 아니어서
영생의 길로 갈 수 없기 때문입니다.

우리는 모든 비밀과 지식을 아는 것으로 끝나는 것이 아니라 마음에 양식을 삼아야 합니다. 그래서 하나님 말씀 안에 살며 비진리를 버리면 영적인 사랑이 옵니다.

또 산을 옮길 만한 큰 믿음이 있어도 사랑이 없으면 아무것도 아닙니다. 믿음과 사랑은 별개여서 큰 믿음이 있다 해서 사랑이 있는 것은 아닙니다. 물론 완전히 관련 없는 것은 아닙니다. 믿음이 있으면 사랑하려고 하기 때문에 그 믿음 안에 사랑이 따릅니다. 그러나 믿음이 크다 해서 반드시 사랑도 큰 것은 아니지요.

가령 모세가 홍해를 가른 것, 이스라엘 백성이 여리고 성을 돌았더니 무너진 것, 죽은 나사로를 예수님께서 살리신 것 등 기적을 다 믿는다 해도 사랑까지 곁들여지는 것은 아닙니다.

사소한 일로 혈기를 부리며 믿지 않는 사람보다 못한 모습을 보이는 목회자도 있습니다. 장로, 권사, 집사도 마찬가지로 믿음은 있는데 사랑이 없는 경우가 있습니다. 그러면 이들을 어떻게 영의 사람이라 하며, 그 안에 생명이 잉태되어 영생의 길로 간다고 할 수 있겠습니까?

그렇기 때문에 사람들이 주님의 이름으로 병을 치료하고 능력을 나타내고 귀신을 쫓아냈어도 주님께서는 '불법을 행하는 자들아! 나는 너희를 도무지 알지 못한다.' 말씀한 것입니다(마 7장). "주여! 주여!" 부른다 해도 하나님 뜻대로 살지 않으면 천국에 갈 수 없다고 하십니다.

사랑이 없다는 것은 믿음을 가지고 교회에 다녔어도 하나님 말씀 안에 살지 않았다는 뜻입니다. 이에 대해 모든 지식을 알고 산을 옮길 만한 믿음이 있을지라도 사랑이 없으면 아무것도 아니라고 말씀합니다.

내가 내게 있는 모든 것으로 구제하고 또 내 몸을 불사르게 내어 줄지라도 사랑이 없으면 내게 아무 유익이 없느니라 13:3

사랑이 없는 구제란 남에게 잘 보이기 위해 하는 가식적이고 거짓된 구제를 말합니다. 이러한 구제는 하나님께서 기뻐하시지도 않고 이 땅에서의 축복은 물론 하늘나라의 상급도 없습니다.

수재나 지진 등 뜻밖의 자연재해를 당한 주민을 위해 구호금을 낸 사람들이나 회사의 이름이 신문에 등장합니다. 그런데 만일 이름을 밝히지 않는다면 똑같이 구제하기가 쉽지 않을 것입니다.

마태복음 6장 2-4절에 보면 "그러므로 구제할 때에 외식하는 자가 사람에게 영광을 얻으려고 회당과 거리에서 하는 것같이 너희 앞에 나팔을 불지 말라 진실로 너희에게 이르노니 저희는 자기 상을 이미 받았느니라 너는 구제할 때에 오른손의 하는 것을 왼손이 모르게 하여 네 구제함이 은밀하게 하라 은밀한 중에 보시는 너의 아버지가 갚으시리라" 말씀합니다. 이름을 드러내기 위해 구제했다면 이미 세상 사람들에게 칭찬을 들었고 상을 받았으므로 천국에서 하나님께 받을 상이 없다는 것입니다.

이어 "또 내 몸을 불사르게 내어 줄지라도 사랑이 없으면 내게 아무 유익이 없느니라." 말씀합니다. 내 몸을 불사르게 내준다는 것은 자기 몸을 완전히 희생한다는 의미입니다. 그런데 자신의 몸을 불사르게 내주는 희생에 어떻게 사랑이 없을 수 있을까요?

여러분은 온 힘과 정성, 시간, 물질을 다 들여 일했는데 남이 알아주지 않으면 서운해하거나 원망 불평하는 사람을 본 적이 있을 것입니다. 불평까지는 않는다 해도 낙심하고 뜨거움이 식기도 하지요. 자신을 희생하여 최선을 다해 한 일에 대해 남들이 부족함을 지적하기라도 하면 힘이 빠지거나 도리어 지적하는 사람을 비난합니다.

이런 모습은 자신이 인정받고 칭찬받기 위해, 즉 어떤 대가를 바라고 일한 것임을 나타내지요. 바로 사랑 없는 희생을 한 것이니 결국 유익하지 않습니다.

영적 사랑이란

영적 사랑의 반대는 악입니다. 그러니 악을 버린 상태가 바로 영적 사랑입니다. 그러면 영적 사랑을 하나하나 나누어 보겠습니다.

먼저 '사랑은 오래 참는다.' 했는데 무엇을 오래 참아야 한다는 것일까요? 바로 사랑하는 데에 만나는 여러 시련과 '나 자신'에 대해 오래 참는 것입니다.

누군가를 사랑하려고 할 때에 그 상대가 오히려 돌을 던지는 일도 있습니다. 이유 없이 나를 헐뜯고 미워하기도 하지요. 그런 사람이라 해도 자신의 마음을 다스려서 참고 사랑하는 것이 영적 사랑입니다. 이렇게 하나님 말씀에 순종하여 사랑하고자 할 때 만나는 모든 어려움을 참고 견디는 것이 '오래 참음'입니다.

그런데 이 사랑장의 '오래 참음'은 갈라디아서 5장 22절에 나오는 성령의 아홉 가지 열매 중의 오래 참음과는 의미가 다릅니다. 성령의 열매인 오래 참음은 하나님 나라와 의를 위해 범사에 오래 참는 것을 뜻합니다. 진리를 위해 모든 것에 오래 참는 것을 말하지요. 그러나 사랑장의 오래 참음은 상대를 사랑하기 위한, 개인적인 차원에 머무는 더욱 작은 개념입니다.

사랑은 온유하다 했는데 그것은 모든 사람을 포용할 수 있고, 많은 사람이 깃들여 쉴 수 있는 마음을 말합니다. 단단한 물체가 부딪쳐도 소리가 나지 않는 솜처럼 모든 사람을 포용할 수 있는 부드럽고 따뜻한 마음입니다. 또한 큰 나무 그늘과 같이 많은 사람이 깃들여 쉬고 싶어 하는 마음이지요.

이는 단순히 순하고 성품이 유약한 것을 의미하지 않습니다. 하나님께서 인정하시는 온유함에는 마음에 악이 없고 영적인 사랑이 맺혀 있기 때문에 어떤 악한 사람에게도 대적하지 않고 참아 주는 것이지요. 무조건 온화하고 부드럽기만 한 것이 아닙니다. 때때로 사람을 반듯하게 다스리고 이끌 수 있는 덕과 위엄도 갖춘 것입니다.

이러한 사람은 바르게 갖추어진 말과 행동으로 상대의 부족함을 이해하고 포용하여 많은 사람의 마음을 얻습니다. 그러니 어느 곳에서나 거침돌이 되지 않고 상대에게 신뢰를 주며 사랑받고 인정받습니다.

그리하여 "온유한 자는 복이 있나니 저희가 땅을 기업으로 받을 것임이요"(마 5:5), "오직 온유한 자는 땅을 차지하며 풍부한 화평으로 즐기리로다"(시 37:11) 하신 대로 땅을 받습니다. 여기서 땅은 영적인 땅, 곧 천국의 처소를 뜻합니다. 또한 땅을 기업으로 얻는다는 것은 장차 천국에서 큰 권세를 누린다는 의미입니다.

온유한 사람은 하나님의 마음으로 영혼들에게 힘을 주고 은혜를 끼칩니다. 온유함이 클수록 더 많은 사람이 가까이하고 결국 많은 사람을 천국으로 인도할 수 있습니다. 그러니 온유한 사람은 장차 천국에서 큰 권세를 누리며 그만큼 넓고 큰 천국의 처소를 기업으로 받습니다.

투기는 시기, 질투보다 더 강한 것입니다. 마음의 시기, 질투가 발전해서 다른 사람에게 심히 악을 행하는 것을 말하지요. 시기, 질투가 있으면 다른 사람이 잘되거나 사랑을 받을 때 마음이 불편합니다. 더 나아가 상대가 미워지며 그가 가진 것을 빼앗고 싶기도 합니다.

또한 상대는 인정받고 사랑받는데 자신은 그렇지 못하니 낙심하기도 하지요. 이렇게 낙심하는 것은 시기, 질투가 아니라고 생각할 수도 있습니다. 그러나 남보다 더 사랑받고 인정받고 싶어 하는 자아가 살아있기 때문에 낙심하는 것입니다. 이런 마음이 심해져 악한 말과 행동으로 나오는 것이 바로 투기입니다.

투기는 이성간의 사랑에서 비롯되는 경우를 자주 봅니다. 이성에게 더 사랑받으려고 투기하는 것입니다. 또 상대가 부유하거나 지식이 많고 능력 면에서 나보다 앞설 때 하기도 합니다.

창세기 4장에 보면 가인과 아벨의 제사가 나옵니다. 가인은 육의 제사를 지냈고 아벨은 피의 제사, 곧 영적 제사를 드렸습니다. 하나님께서 아벨의 제사만 받으시자, 가인은 이를 시기하여 동생을 쳐 죽이고 맙니다. 시기가 발전하여 살인까지 낳은 것입니다.

창세기 30장 1절에 보면 "라헬이 자기가 야곱에게 아들을 낳지 못함을 보고 그 형을 투기하여 야곱에게 이르되 나로 자식을 낳게 하라 그렇지 아니하면 내가 죽겠노라" 합니다. 시기 질투라는 악을 입으로 쏟아내 남편 야곱의 마음까지 괴롭게 했습니다. 이렇게 악을 쌓은 라헬은 결국 아들 베냐민을 낳다가 죽고 말지요.

우리는 투기하지 않고 그리스도 안에서 즐거워하고 기뻐하며 서로 격려하고 사랑해야 합니다. 이를 위해서는 투기를 일으키는 모든 것, 곧 육적인 사랑, 부, 지식, 명예와 권세 등이 얼마나 헛된 것인지를 철저히 깨달아야 합니다. 또한 구원받은 우리는 시민권이 하늘에 있다는 확실한 믿음을 가져야 하지요.

그러면 주 안에서 형제 자매가 된 이웃이 혈연 관계 이상의 존재가 됩니다. 하나님을 한 아버지로 섬기고 장차 천국에서 영원히 함께 살 형제 자매임이 믿어지기 때문입니다. 이런 확고한 믿음 위에 참사랑이 임한 만큼 이웃을 내 몸과 같이 사랑하게 되므로 남이 잘되는 것을 보면 내가 잘된 것처럼 기뻐할 수 있습니다.

자랑한다는 것은 '자기를 드러내는 것과 내세우는 것'을 말합니다. 사람들은 대개 남보다 더 나은 분야가 있으면 자랑하고 싶어합니다. 인정받으며 칭찬받고 싶기 때문입니다. 어떤 사람은 부, 어떤 이는 학벌이나 지위, 외모 등을 내세우지요.

이처럼 자랑하는 것은 사랑과는 거리가 먼 마음입니다. 또 자랑한다 해서 진심어린 존경이나 사랑을 받는 것도 아닙니다. 오히려 다른 사람들이 얕보며 시기 질투하게 만들 뿐입니다.

그런데 고린도전서 1장 31절 말씀대로 주 안에서의 자랑은 얼마든지 할 수 있습니다. 어떻게 해서 하나님을 믿고 하나님의 사랑을 받게 되었는지, 어떻게 하나님께 축복받고 응답받았는지, 이러한 것을 전하는 것이 주 안에서의 자랑입니다.

주 안에서 자랑하면 하나님께는 영광을 돌리고 형제 자매에게는 은혜를 끼쳐서 믿음과 생명을 심어 줍니다. 그러니 하늘나라에 상급이 쌓이고 마음의 소원도 더 신속히 응답되지요. 다만 주 안에서의 자랑도 잘 분별해서 해야 합니다. 하나님께 영광 돌리는 것처럼 하면서 사실은 자신을 드러내고 자랑하는 경우도 있기 때문입니다.

세상의 자랑거리는 결코 영원한 생명이나 만족을 줄 수 없고 오히려 헛된 욕심을 불러일으켜 멸망으로 가는 지름길이 되기도 합니다. 이런 사실을 깨달아 천국 소망을 마음 가득 채워 나가면 이생의 자랑을 뽑아버릴 수 있는 힘이 옵니다. 그래서 자랑하는 마음을 다 벗어 버리면 영원한 생명과 천국을 주신 주님만을 뜨겁게 사랑하며 자랑합니다.

교만이란 '남을 나보다 낮게 여기지 못하고 무시하는 것, 내가 모든 면에서 남보다 더 우월하다고 여기는 것'입니다. 교만한 사람은 자기 위에 사람을 두지 않습니다. 자신을 제일로 여기므로 매사에 상대를 무시하고 얕잡아보며 가르치려 합니다.

심지어는 자신을 가르치고 이끌어 준 사람이나 질서상 높은 사람까지 무시합니다. 윗사람이 권면이나 지적해도 잘 들으려 하지 않으며 오히려 상대를 가르치려 하지요. 이런 사람과 대화를 하면 곧잘 변론이나 다툼이 일어납니다.

이러한 것은 육적인 교만입니다. 그런데 또 다른 교만이 있습니다. 신앙생활을 오래 하여 말씀을 많이 아는 것을 착각하여 '나는 이만큼 이루었다. 나는 옳다.' 생각합니다. 그래서 아는 말씀으로 상대를 지적하고 판단, 정죄하면서도 자신은 진리로 옳고 그름을 분별하는 것이라고 생각합니다. 이처럼 높아진 마음은 영적인 교만입니다.

하나님께서는 이렇게 교만한 사람을 '어리석은 자'라 말씀하십니다. 우리는 모두 하나님 형상을 따라 창조된 하나님의 자녀로서 높고 낮음이 없는 동등한 존재입니다. 그러니 누구도 남을 무시하고 자기만 옳다 하며 교만할 수 없는 것입니다.

우리가 영적 사랑을 이루는 만큼 겸손하신 주님의 마음을 닮습니다. 주님은 십자가에서 죽기까지 자신을 낮추셨고 제자들의 발을 씻기며 낮아짐과 섬김의 본을 보이셨습니다. 이를 본받아 가난하든 지식이 부족하든, 힘이 약하든 진심으로 상대를 나보다 낮게 여기며 겸손할 수 있어야 합니다.

무례히 행치 아니하며 자기의 유익을 구치 아니하며 13:5

무례하다는 것은 '예의가 없는 것, 예의에서 벗어나는 것'을 뜻합니다. 의외로 많은 사람이 무례한 말과 행동으로 상대에게 불쾌감과 피해를 주면서도 깨닫지 못합니다.

먼저 하나님께 무례한 경우를 들어 보겠습니다. 예배, 기도, 찬양, 하나님의 성전, 성물 등에 관련된 것이지요. 예를 들면, 예배에 늦고, 졸거나 잠을 자는 일이 있습니다. 신령과 진정으로 예배하지 않는 것도 무례한 일이며 그 시간에 다른 생각을 하는 것, 옆 사람에게 말을 건네는 것 등도 무례한 일입니다. 그 밖에 예배에 술을 마시고 참석하거나 슬리퍼를 신거나 모자를 쓰는 것도 마찬가지입니다.

기도회에 특별한 이유 없이 지각하거나 기도 중간에 까닭 없이 돌아다니고 졸음과 잡념 속에 중언부언 기도한다면 무례한 것입니다. 기도하는 사람을 흔들어 기도를 멈추게 하거나 다른 사람이 부르는 소리를 듣고 기도를 멈추는 것 또한 무례한 일입니다.

또 성전에서 혈기 내며 다툰다든지, 사업이나 오락 등 세상적인 이야기를 해서는 안 됩니다. 하나님의 성물을 함부로 다루거나 낭비해서도 안 되지요.

그렇다면 사람에게 무례한 일에는 어떤 것이 있을까요? 보통, 상대 입장을 고려하지 않고 자신의 유익만을 구하다 보면 무례함이 많이 나옵니다. 밤늦게 전화한다거나 바쁜 사람에게 전화해서 오랫동안 붙들고 있다면 무례한 것입니다.

약속 시간에 늦는 것, 남의 집에 불쑥 찾아가는 것 역시 마찬가지이며 주의 종이나 일꾼이 양 떼를 관리하는 입장이라 해서 반말을 하거나 명령하고 지시하는 것도 옳지 않습니다. 특히 가깝고 편한 사이일수록 무례한 경우가 많으니 주의해야 하지요. 범사에 헤아려 무례하지 않는 것이 영적인 사랑입니다.

영적 사랑은 자기의 유익보다 상대의 유익을 구해 주는 것입니다. 가령 회의할 때 어떤 사람은 자기 의견에 동조할 때까지 다른 사람을 설득하려 합니다. 어떤 사람은 자기 의견을 강하게 주장하지는 않지만 상대 의견을 탐탁지 않게 여깁니다.

반면에 다른 사람의 의견에 귀 기울이고 자기에게 좋은 의견이 있더라도 되도록 상대 의견에 따라 주려 하는 사람이 있습니다. 이렇게 남을 사랑하면 나보다 상대를 더 귀히 여기고 존중하며 자기 유익을 구하지 않습니다.

예수님께서도 잘 드시거나 주무시지도 못하며 목자 없는 양같이 유리하는 백성을 위해 살았습니다. 영혼을 향한 사랑이 마음에 가득해서 누릴 수 있는 것을 다 포기하신 것입니다.

하나님의 자녀로서 내가 먼저 더 나은 것, 좋은 것, 맛있는 것을 원해서는 안 됩니다. 자신보다는 교회와 영혼들, 이웃과 가족을 우선순위에 놓고 살아야 합니다.

그러나 여기서 오해하지 말아야 할 것은 유익을 버린다 하여 일용할 양식을 구하지 않거나 남보다 기도와 충성에 열심을 내지 않아야 한다는 의미가 아닙니다. 개인적인 유익은 얼마든지 필요합니다. 다만 상대에게 피해를 주면서까지 자기 유익을 구해서는 안 된다는 말이지요.

범사에 자신의 유익을 구하지 않으려면 성령에 의뢰해야 합니다. 모든 일을 성령의 주관을 따라 해나가면 무엇을 하든지 하나님 영광을 위해 살기 때문입니다. 악을 벗고 참사랑을 이루면 각 상황마다 선의 지혜가 임하여 하나님 뜻을 잘 분별하여 따를 수 있습니다. 이를 통해 믿지 않는 이웃이나 가족에게도 인정받고 사랑받게 됩니다.

상대가 피해를 주거나 어떤 일이 뜻대로 되지 않으면 곧잘 노여워하는 사람이 있습니다. 이처럼 성내는 것은 사랑이 아니며 무익합니다. 성내는 것은 단지 화를 내고 욕하며 폭력을 쓰는 것만이 아닙니다.

얼굴이 굳어지고 일그러진다든가 안색이 변하는 것, 말투가 퉁명스러워지는 것 등도 성내는 것입니다. 미움, 불편함 등의 감정이 밖으로 드러난 것이기 때문입니다. 그렇다고 외모만 보고 '화가 났구나.' 판단, 정죄해서도 안 되지요. 성내는 것 같아 보여도 아닌 경우가 있기 때문입니다.

성내지 않기 위해서는 꾹 눌러 참는 것이 아니라 성내게 하는 감정을 버려야 합니다. 물론 하루아침에 감정을 버리고 선과 사랑으로 채울 수 있는 것은 아닙니다. 매일 꾸준히 노력해 나가야지요.

우선 화가 나는 상황이 왔을 때 참는 훈련을 해야 합니다. 시간을 갖고 '성내는 것이 과연 유익한지'를 깊이 생각해 봅니다. 그리고 자신의 마음을 점검하며 참으면 후회하거나 부끄러움을 당할 일이 생기지 않습니다. 이렇게 인내해 나가면 나중에는 성나게 하는 감정 자체가 버려지니 어떤 상황에서도 마음이 요동하지 않고 평온

합니다.

잠언 12장 16절을 보면 "미련한 자는 분노를 당장에 나타내거니와 슬기로운 자는 수욕을 참느니라" 했고, 잠언 19장 11절에는 "노하기를 더디 하는 것이 사람의 슬기요 허물을 용서하는 것이 자기의 영광이니라" 했습니다. 노하기를 더디 하며 더 나아가 그 마음 자체를 버려서 더 좋은 천국을 침노하기 위해 지혜롭게 살아야겠습니다.

사랑은 악한 것을 생각하지 않는다고 했는데 악이란 착하지 않은 것, 올바르지 않은 것을 말합니다. 악이 있으면 상대가 잘못되기를 바랍니다. 사랑이 있다면 이런 악한 것을 생각하지 않습니다.

부모는 자녀를 사랑하기 때문에 항상 건강하고 잘되기를 바라지요. 상대를 사랑하지 않기 때문에 잘못되기를 바라고 그의 허물이나 약점을 알고 싶어하며 전합니다.

상대를 판단 정죄하고 비방하는 것도 악입니다. 믿는다 하는 사람 가운데에도 상대의 형편과 처지를 고려하지 않고 자신의 기준으로 판단 정죄하는 경우가 있는데 이는 사랑이 없기 때문입니다.

더 나아가 하나님 뜻에 위배되는 생각을 품는 것이 다 악한 생각입니다. 하나님은 사랑이십니다. 하나님의 계명도 압축하면 '사랑'이지요. 요한일서 3장 23절에 "그의 계명은 이것이니 곧 그 아들 예수 그리스도의 이름을 믿고 그가 우리에게 주신 계명대로 서로 사랑할 것이니라” 했습니다. 또 로마서 13장 10절에는 “사랑은 이웃에게 악을 행치 아니하나니 그러므로 사랑은 율법의 완성이니라” 했습니다.

결국 사랑하지 않는 것이 악이며 죄, 곧 불법이 됩니다. 스스로 악한 것을 생각하는지 점검하려면 마음에 얼마나 사랑이 있는지를 돌아보면 알 수 있습니다. 하나님과 영혼을 사랑하는 만큼 악한 것을 생각하지 않기 때문입니다.

우리가 악을 버리려면 먼저 악한 것은 생각하지도, 보지도, 듣지도 말아야 합니다. 설령 보거나 들어도 다시 떠올리거나 기억하려 하지 않아야 합니다. 잠시 스치는 생각까지도 철저히 버려야 하지요.

이렇게 악을 벗고 자신을 지키기 위해서는 우리 영혼에 ‘말씀’과 ‘기도’를 공급해야 합니다. 말씀을 주야로 묵상해야 악한 생각을 물리치고 선한 생각을 할 수 있습니다. 또한 기도하면서 말씀을 더 깊이 묵상하고 되새길 때 자신의 말과 행실 속에 숨은 악을 발견할 수 있습니다. 그리고 성령 충만하여 불같이 기도할 때에 악을 지배하고 벗어 버릴 수 있습니다.

이러한 사실을 깨달아 “삼가 누가 누구에게든지 악으로 악을 갚지 말게 하고 오직 피차 대하든지 모든 사람을 대하든지 항상 선을 좇으라”(살전 5:15) 한 대로 항상 선을 좇아 행하시기를 바랍니다.

불의를 기뻐하지 아니하며 진리와 함께 기뻐하고 모든 것을 참으며

'불의를 기뻐하지 않는 것'은 '악한 것을 생각하지 않는 것'과 비슷하지만 약간 다릅니다. '악한 것을 생각지 않는다'는 것은 마음에 악은 모양이라도 품지 않는 것이며, '불의를 기뻐하지 않는 것'은 행위로 드러나는 어떤 불미스런 일을 기뻐하지 않고 가담하지 않는 것입니다.

예컨대, 잘사는 친구를 보고 시기 질투가 나 '그가 망했으면 좋겠다.' 하는 생각이 스친다면 악을 품은 것입니다. 그런데 어느 날 친구의 회사가 부도나고 말았습니다. 이때 '사업이 번창한다고 잘난 척하더니 잘됐군.' 하면서 즐거워한다면 불의를 기뻐하는 것입니다. 더 나아가 옳지 않은 방법으로 얻는 재물이나 이익을 기뻐하고, 속이거나 힘으로 위협해서 남의 것을 빼앗았다면 더 적극적으로 불의를 기뻐한 것입니다.

주 안에서는 법을 어기거나 남에게 피해를 주는 일뿐 아니라 하나님 말씀에 어긋나는 온갖 죄가 다 불의입니다. 불의는 마음의 악이 구체적인 형태로 나온 것으로서, 죄 중에서도 특히 육체의 일에 해당합니다.

고린도전서 6장 9-10절에는 "음란하는 자나 우상 숭배하는 자나 간음하는 자나 탐색하는 자나 남색하는 자나 도적이나 탐람하는 자나 술취하는 자나 후욕하는 자나 토색하는 자들은 하나님의 나라를 유업으로 받지 못하리라” 하여 이러한 육체의 일을 하는 자는 구원받을 수 없다 말씀합니다. 그러니 불의한 것을 볼 때에 기뻐하고 동조하거나 가담하는 것이 아니라 애통해하며 기도해야 합니다.

진리와 함께 기뻐한다는 것은 먼저, 복음을 기뻐하는 것입니다. 복음이란 우리가 예수 그리스도를 통해 구원받아 천국에 간다는 복된 소식입니다. 우리는 복음을 듣고 예수 그리스도를 영접하여 구원을 받았습니다. 진리, 곧 복음을 기뻐하여 영생을 얻은 것입니다. 주님의 보혈로 죄 사함 받아 천국에 가게 되었고 삶의 목적을 알아 가치 있는 삶을 얻었습니다.

이처럼 복음을 기뻐하는 사람은 다른 사람에게도 열심히 복음을 전합니다. 그들이 주를 영접하여 구원받는 것을 기뻐하며 하나님 나라가 확장되는 것을 기뻐하지요.

또한 진리와 함께 기뻐한다는 것은 선, 사랑, 공의 등 진리를 보고 들으며 기뻐하는 것입니다. 하나님 말씀 듣기를 기뻐하고 성경 보기를 즐겨하며 말씀대로 행하기를 기뻐합니다. 하나님 말씀에 ‘섬기라, 이해하고 용서하라.’ 하셨으니 기쁘게 순종합니다. 이렇게 진리를 기뻐하되 늘 진리에 주리고 목마른 자가 되어 진정 가치 있는 삶을 영위해야 합니다.

사랑한다면 모든 것을 참을 수 있습니다. 우리는 영적 사랑을 간직하여 진리와 함께 기뻐하며 모든 것을 참고 믿어야 합니다. 모든 진리를 믿을 때 하나님 사랑을 알고 실천할 수 있습니다.

또한 모든 것을 바라고 견뎌야 하며, 그럴 때 온전한 영적 사랑이 임합니다. 과연 이러한 사랑이 있는지 돌아보아 더욱 열심히 하나님과 이웃을 사랑하여 하나님께서 주시는 평안과 축복 가운데 나가시기 바랍니다.

천국에서 영원히 필요한 것은 사랑

사랑은 언제까지든지 떨어지지 아니하나 예언도 폐하고 방언도 그치고 지식도 폐하리라 13:8

사랑은 진리 안에서 나옵니다. 66권 말씀 안에 사랑이 다 담겨 있습니다. 우리가 온전히 진리 안에 살면 사랑도 온전해질 수 있습니다. 그래서 주님은 사랑으로 율법을 완성했다고 말씀합니다.

우리가 말씀 안에 온전히 살아 진리의 마음이 되었다면 이는 하나님의 마음을 닮은 것입니다. 성결한, 온전한 영적 사랑의 마음이지요. 진리는 영원히 변치 않으므로 사랑은 영원히 변하지 않고 떨어지지 않습니다.

우리가 하늘나라에 가면 예언과 방언과 지식이 필요 없습니다. 하늘나라의 한 언어로 통일될 것이니 방언이 필요 없지요. 오직 사랑만이 영원히 변치 않습니다.

우리가 부분적으로 알고 부분적으로 예언하니 온전한 것이 올 때에는 부분적으로 하던 것이 폐하리라 내가 어렸을 때에는 말하는 것이 어린아이와 같고 깨닫는 것이 어린아이와 같고 생각하는 것이 어린아이와 같다가 장성한 사람이 되어서는 어린아이의 일을 버렸노라 13:9-11

아무리 하나님과 진리를 알며 예언한다 해도 우리가 하나님의 마음과 뜻을 완전히 알 수는 없습니다. 앞일에 대해서도 하나님께서 깨우쳐 준 만큼, 영감으로 역사하신 만큼밖에 알 수 없습니다. 그러니 우리가 알고 예언하는 것이 부분적일 수밖에 없지요.

10절에 '온전한 것이 올 때에는 부분적으로 하던 것이 폐하리라' 말씀합니다. 천국에 들어가면 부분적으로 알던 것은 그칠 수밖에 없는데 왜 폐하는지 비유를 들어보겠습니다.

우리가 어렸을 때에는 말하는 것이 어린아이와 같고, 소년 때에는 그 또래에 맞게 말을 합니다. 또 어른이 되면 그 나이에 맞게 대화하는 것이 달라지지요. 만일 성인이 되었는데 어린이가 하는 말을 한다면 지능이 부족한 사람이라는 취급을 받습니다.

마찬가지로 이 땅에 있을 때 하나님께서 주신 은혜대로 예언을 하고 방언하며 지식을 아는 것은 천국에 가면 어린아이 수준에 불과합니다. 천국에서는 하나님 마음과 뜻을 온전히 알기 때문에 더 이상 예언이나 방언 등이 불필요한 것입니다.

진리를 많이 알고 영적으로 깊이 들어가서 "나는 믿음이 큽니다. 천국에 대해, 하나님에 대해 밝히 압니다."라고 해도 얼마나 알겠습니까. 백문이 불여일견이라고 백 번 들어도 한 번 보느니만 못하지요.

그러므로 성경을 많이 알고 진리를 제대로 알며 하나님을 잘 안다 해도 천국에 가서 하나님을 대할 때에는 이 땅에서 알았던 것이 거울로 본 것에 불과하다는 사실을 깨닫습니다. 당시 거울은 돌이나 구리 같은 것을 다듬어 만들었기 때문에 희미했지요. 오늘날의 거울과는 다릅니다.

아무리 예언하고 지식 있고 방언해도 장차 천국에 가서 알 것과는 비교할 수 없기 때문에 거울을 보는 것같이 희미하다 말씀하십니다. 그러니 이 땅에 있는 지식, 예언, 방언을 다 폐할 수밖에 없는데, 이는 온전한 것이 오기 때문입니다.

또 우리가 아무리 많이 안다 해도 부분적인 것이 될 수밖에 없습니다. 그러나 주님을 만나면 주님이 우리를 모두 아시는 것같이, 우리도 주님을 분명히 알 수 있습니다.

우리는 천국이 있음을 믿습니다. 주님이 부활한 것과 우리를 데리러 다시 오실 것도 믿으며, 그때에 산 자는 신령한 몸으로 변화되어 들려 올라갈 것도 압니다. 그러나 온전히 믿는다 해도 막상 주님의 품에 안길 때와는 전혀 상황이 다릅니다. 그때에야 비로소 주께서 나를 아시는 것같이 명백히 알게 되지요.

'믿음, 소망, 사랑 이 세 가지는 항상 있을 것인데' 했는데, 우리는 믿음으로 구원받아야 하니 우선 믿음이 있어야 합니다. 믿음이 있으면 하늘나라의 소망이 생깁니다. 연단이 와도 믿음으로 이겨내고 기도하여 응답을 받으며 천국을 소망하기에 어떤 상황에서도 감사하고 기뻐할 수 있습니다. 믿음과 소망이 있기 때문에 죄와 불의를 버리고, 진리 안에 살기 위해 열심히 기도하면서 싸워 나가고 사명을 감당합니다.

이렇게 영적인 믿음과 천국의 소망을 가진 사람은 불의와 타협하지 않으며 열심히 진리로 무장해 가니 결국에는 하나님을 닮아 참사랑을 온전히 이룹니다. 그래서 이 땅에서는 믿음, 소망, 사랑이 다 있어야 합니다.

하늘나라에 가서도 믿음과 소망이 필요할까요? 믿음과 소망은 우리가 이 땅에 살 동안만 필요한 것입니다. 믿음으로 천국에 가는데 이미 천국에 들어왔으니 더 이상 필요가 없습니다. 소망도 이 땅에 있을 때 필요한 것이지 천국에서는 다 이루어졌으니 더는 필요치 않습니다.

그러나 사랑은 어떠한 상황에 처하든지 영원히 떨어지지 않고 폐하지 않으며 하늘나라에서도 영원토록 이어집니다. 하나님과 주님과 구원받은 형제 자매들과 영원히 사랑을 주고받으며 행복을 누리지요. 그래서 믿음, 소망, 사랑 이 세 가지는 항상 있을 것인데 그중에 제일은 사랑이라 말씀합니다.

그러니 우리는 이 땅에 사는 동안 주님의 마음인 거룩함과 화평함으로 성결하되 무엇보다도 더 큰 은사를 사모하여 온전한 영적 사랑을 지녀야 하겠습니다.

14장
예언과 방언에 대하여

사랑이 있어야 신령한 은사를 받을 수 있어

영의 기도인 방언

방언과 예언의 비교

덕을 세우기 위하여 하라

여자는 교회에서 잠잠하라는 영적 의미는

모든 것을 적당하게, 질서대로 하라

사랑이 있어야 신령한 은사를
받을 수 있어

사랑을 따라 구하라 신령한 것을 사모하되 특별히 예언을 하려
고 하라 방언을 말하는 자는 사람에게 하지 아니하고 하나님께
하나니 이는 알아듣는 자가 없고 그 영으로 비밀을 말함이니라
그러나 예언하는 자는 사람에게 말하여 덕을 세우며 권면하며
안위하는 것이요 14:1-3

우리 믿는 사람은 하늘나라와 신령한 것을 사모해야 합니다. 이
땅의 것을 사모하는 것이 아니라 신령한 영의 사람이 되기를 사모해
야 하지요. 그러기 위해서는 능력과 은사가 필요하며 쉬지 않고 간
구해야 합니다.

본문은 신령한 것을 사모하되 특별히 예언하라고 했는데 사랑을
따라 구하라는 단서를 붙였습니다. 그래서 앞 장에서 영적 사랑이
무엇인지 설명한 것입니다.

그러니 자신에게 영적 사랑이 없다면 신령한 것을 구해도 하나님께

서 주시지 않으니 소용없습니다. 오늘날 진리를 모르고 영적 사랑도 없는 사람들이 능력이 있다 하거나 예언을 한다 할 때에 그것은 거짓이 될 수밖에 없지요. 사랑이 없는 사람에게 어떻게 하나님께서 신령한 은사를 주시겠습니까? 어린아이에게 칼을 쥐어 주면 다칠 수 있으므로 주지 않는 것과 같은 이치입니다.

그래서 사랑을 따라 구하라고 한 것이며 사랑이 임하는 만큼 하나님께서 성령에 따른 은사를 주십니다. 우리가 영적 사랑 안에 살면 자연히 신령한 사람이 되기 위해 기도합니다. 영적 사랑이 임한 사람은 하나님 나라와 의를 위해, 영혼을 위해, 더 깊은 영적 차원으로 들어가기 위해 신령한 것을 구해 나갑니다. 신령한 은사가 여러 가지지만 여기에서는 특별히 예언을 하라고 말씀합니다.

방언은 하나님께서 들으시도록 하는 영의 기도입니다. 그 내용은 하나님만 알고 방언하는 사람 자신도 통역 은사를 받지 않으면 모르며 원수 마귀 사단도 모르기 때문에 훼방을 하지 못한다 했지요.

마음의 기도와 영의 기도는 다릅니다. 예를 들어 자신의 의지 가운데 "하나님, 제가 피곤한데 능력 주셔서 피곤치 않게 해 주세요."라고 기도했다면 이는 마음의 기도입니다. 자신이 무슨 기도를 했는지 알 수 있지요. 하지만 방언 기도는 영적으로 필요한 것을 영이 구하는 것이니 자신도 모릅니다.

앞에서 '신령한 것을 사모하되 특별히 예언을 사모하라.'고 말씀했는데 그 이유가 나옵니다. 사랑은 자기보다 상대의 유익을 구하는 것입니다. 바로 예언이 상대에게 유익한 것이기에 사모하라 말씀합니다.

예언은 상대에게 말하여 안위(安慰)한다 했는데 이는 평안과 안식을 주며 평탄한 길로 가도록 인도한다는 의미입니다. 이렇게 예언은 상대가 기도하고 회개하며 더 사랑하는 사람이 되고 하나님 앞에 가까이 나아갈 수 있도록 인도합니다. 그래서 덕을 세우고 권면하며 안위한다 말하는 것입니다.

영의 기도인 방언

방언을 말하는 자는 자기의 덕을 세우고 예언하는 자는 교회의 덕을 세우나니 나는 너희가 다 방언 말하기를 원하나 특별히 예언하기를 원하노라 방언을 말하는 자가 만일 교회의 덕을 세우기 위하여 통역하지 아니하면 예언하는 자만 못하니라 14:4-5

방언은 하나님께서 누구에게나 주기 원하시는 은사이며 누구나 받을 수 있다고 했습니다. 방언은 기도하는 사람의 영혼이 잘되는 유익을 주기 때문에 다 받기를 원한다고 말씀합니다.

한편 예언하는 사람은 교회의 덕을 세웁니다. 예언을 통해 믿음을 심어 주어 성도의 영혼이 잘되게 하고 기도하게 하며 사랑하게 하고 문제를 해결해 줍니다. 이렇게 질서 속에 아름답게 하나님 나라와 의를 이루어가기에 예언하는 사람은 교회의 덕을 세우지요.

그래서 방언은 자신에게 유익하지만 예언은 상대의 영혼을 잘되게 하니 다 방언하기를 원하나 특별히 예언하기를 원한다 말씀합니다.

하지만 만일 예언하여 교회를 혼란케 하며 문제를 일으킨다면 그것
은 사단의 역사이니 주의해야 합니다.

이어 '방언을 말하는 자가 만일 교회의 덕을 세우기 위하여 통역
하지 아니하면 예언하는 자만 못하니라.' 했습니다. 이는 통역하지
않으면 예언보다 못하니 방언을 받지 말라는 뜻이 아닙니다. 방언
을 받아야 영혼이 더 잘되고 그래야 예언 은사도 받을 수 있는 것입
니다.

다만 예언하는 사람이 교회의 덕을 세우듯, 방언하는 사람이 예언
하는 사람 못지않게 교회에 덕을 세우려면 통역 은사를 받아야 합
니다. 예언 은사를 받지 않았어도 통역 은사를 받으면 상대의 방언
을 통역하여 예언하는 것과 같이 상대의 덕을 세우고 권면과 안위를
줄 수 있습니다.

방언 통역이 있으면 자신이 하나님과 어떻게 교통하는지, 얼마나
영의 기도를 하는지 알고 믿을 수 있어서 더욱 하나님 말씀 안에 살
아가려고 노력하지요.

가르치는 자가 정확하게 나팔을 불어야

그런즉 형제들아 내가 너희에게 나아가서 방언을 말하고 계시나
지식이나 예언이나 가르치는 것이나 말하지 아니하면 너희에게
무엇이 유익하리요 혹 저나 거문고와 같이 생명 없는 것이 소리

만약에 사도 바울이 고린도교회에서 계속 방언만 했다면 상대가 알아듣지 못하기 때문에 조금도 유익하지 않을 것입니다. 그래서 사도 바울은 방언도 하고 계시나 지식도 전했습니다. 이처럼 방언을 하고 계시와 지식의 말씀, 예언, 가르침이 다 있으므로 상대에게 유익합니다.

'저'라는 것은 플루트와 같이 가로로 부는 관악기를 통틀어 말합니다. 저나 거문고가 고유의 음을 내어 제 구실을 할 때 듣는 사람에게 유익하듯 갖가지 은사를 적절히 사용해야 유익합니다. 가령 예언 은사를 받은 사람이 그것을 남용하여 금품을 요구한다면 자신이 사망의 길로 가는 것은 물론, 그러한 사람의 예언이 무슨 도움이 되겠습니까?

옛날에는 전쟁이 일어났을 때 군사들에게 주로 각기 다른 나팔 소리로 기상, 공격, 전진, 후퇴, 적의 침략 등을 알렸습니다. 이렇게 중요한 나팔이 정확한 소리를 내지 못하면 전쟁에 패할 수밖에 없지요. 공격 신호를 내야 하는데 후퇴 신호를 내거나, 후퇴해야 할 때에 공격을 알리는 나팔 소리를 내면 큰일입니다.

그렇다면 이 말씀의 영적인 뜻은 무엇일까요?

목회자가 강단에서 영적인 하나님 말씀을 정확하게 전파하지 못하면 양들의 영혼이 잘되거나 믿음의 반석에 설 수 없습니다. 교회가 나팔을 바로 불어야 양들이 영적 전쟁 준비를 제대로 할 수 있는데 그렇지 못한 경우가 있지요.

원수 마귀가 우는 사자와 같이 삼킬 자를 찾는 이 세상에서 싸워 이기기 위해서는 하나님의 참된 십자가 군병이 되어야 합니다. 군병이 나팔 소리를 제대로 들어야 전쟁에 승리할 수 있습니다. 즉 성도가 영적 전쟁에서 승리하려면 하나님 말씀을 정확히 깨달아 알고 행해야 한다는 말씀입니다.

그러기 위해서는 가르치는 사람이 정확하게 나팔을 불어야 합니다. 주의 종뿐만 아니라 각 분야의 일꾼들이 바로 가르치고 인도해야 하는 것입니다. 그렇지 못하여 소경이 소경을 인도하니 양들이 파리해지고 병들며 멸망의 길로 가지요. 인도자는 말 한 마디 실수가 성도를 실족케 할 수 있음을 깨달아 책임감을 갖고 하나님의 뜻을 올바로 전해야 합니다.

이와 같이 너희도 혀로서 알아듣기 쉬운 말을 하지 아니하면 그 말하는 것을 어찌 알리요 이는 허공에다 말하는 것이라 세상에 소리의 종류가 이같이 많되 뜻 없는 소리는 없나니 그러므로 내가 그 소리의 뜻을 알지 못하면 내가 말하는 자에게 야만이 되고 말예컨대 강단에서 아무리 영적인 설교를 선포할지라도 성도가 쉽게 이해하지 못하고 소화하지 못하면 아무 도움이 되지 못합니다. 마치 듣지 못하고 보지 못하는 이에게 들려 주고 보여 주는 격이고 초등학생에게 대학 학문을 가르치는 격이 됩니다. 설교한 말씀을 성도가 이해하지 못하면 허공에 외친 빈말이 되니 무슨 도움이 되겠습니까? 마찬가지로 방언도 알아듣지 못하면 상대에게 유익하지 않습니다.

"너희도 신령한 것을 사모하는 자인즉"에서 신령한 것이란 하나님의 은혜를 따라서 오는 모든 영적인 것을 말합니다. 각종 은사와 직임이 이에 속합니다.

우리는 하나님 은혜 안에서 최선을 다해 모든 것을 풍성하게 구하여 감당해야 합니다. 이것이 하나님을 기쁘게 해 드리는 것입니다. 그러므로 사명을 많이 받았다 해서 무겁게 여길 것이 아니라 더 넉넉히 구하는 사람이 되어야 합니다. 그러나 사랑을 따라 구해야 한다는 단서가 붙어 있습니다(고전 14:1).

방언 기도는 왜 마음의 열매를 맺지 못하나?

그러므로 방언을 말하는 자는 통역하기를 기도할지니 내가 만일 방언으로 기도하면 나의 영이 기도하거니와 나의 마음은 열매를 여기서 '방언하는 자는 누구나 다 통역하기를 구하면 되나 보다.'라고 생각해서는 안 됩니다. 이 말씀은 앞에서 "사랑을 따라 구하라."라는 말씀과 연결됩니다. 성령께서는 영적인 사랑을 가진 사람이 방언 통역의 은사를 받도록 주관하십니다. 다른 은사도 마찬가지입니다. 내 안에 영적 사랑이 임하는 만큼 성령께서 은사를 구하도록 강하게 주관하십니다.

14절에 "내가 만일 방언으로 기도하면 나의 영이 기도하거니와 나의 마음은 열매를 맺히지 못하리라"고 했습니다. 오늘날 이 말씀을 잘못 해석하여 문제를 일으키는 경우가 있습니다.

우리가 영적인 차원에 들어가기 위해서는 기도를 해야 합니다. 기도로써 육신의 일을 버리며 영의 사람이 되어갑니다. 이때 기도하기 위해서는 방언이 필요합니다. 방언이 우리의 기도를 도와 영적 차원으로 들어갈 수 있도록 힘을 부여하기 때문입니다.

물론 방언을 못한다 해서 영적인 차원으로 들어갈 수 없는 것은 아니지만 그만큼 힘이 듭니다. 그러니 방언을 받기 위해 노력해야 하지요.

성령을 받은 사람은 성령의 도움으로 진리를 깨우쳐 그것이 양식이 되는 만큼 영의 사람이 되어갑니다. 영은 우리의 모든 것을 압니다. 우리의 부족함, 앞으로 닥칠 일, 내세의 소망과 하나님의 뜻을 압니다. 나는 모르지만 내 안에 있는 영이 이 모든 것을 알기 때문에 앞으로 닥칠 시험 환난 등 여러 분야를 방언을 통해 하나님께 기도하는 것입니다.

여기서 "나는 성령을 받았고 영이 살아 있으니까 하나님의 뜻과 마음을 다 안다."고 오해하면 안 됩니다. 자신이 진리의 사람이 된 만큼 그 한도 내에서 성령의 음성을 듣고 성령의 도움으로 아는 것입니다.

예컨대, 어린아이가 아버지와 어머니를 안다 하지만 "나를 낳아준 아버지이고 어머니다."라는 정도만 알지 자세히는 모릅니다. 그러나 청년은 아버지의 고향은 어디이며 교육은 얼마나 받았고 연세는 어떻게 되며 성품은 어떠한지 등을 분명히 압니다.

이와 마찬가지로 우리도 영의 사람이 되는 만큼 하나님의 마음과 뜻을 아는 것입니다. 내 영 스스로 아는 것이 아니라 진리로 무장된 만큼 성령의 도움과 깨우침 속에서 알게 됩니다.

일례로 학교에서 수학 공식을 배웠다고 합시다. 우리가 공식을 응용하여 문제를 풀 때에 선생님이 도와줍니다. 그러나 우리가 공식을 아는 범위 내에서 도와줄 수 있는 것이지, 공식을 모른다면 도움을 줄 수 없고 설명해 주어도 이해가 안 되지요.

그렇다면 방언으로 기도하면 왜 내 마음은 열매를 맺지 못하는 것일까요?

방언으로 기도할 때에 영이 마음의 소원을 놓고 기도하는 것이 아닙니다. 마음의 기도를 할 때에는 의식주나 질병 치료, 사업터 문제 해결 등 현실적으로 필요한 것을 생각하며 기도합니다. 그러나 영은 그러한 것을 구하는 것이 아니어서 마음의 소원에 열매를 맺지는 못합니다.

내 마음에서 '집이 한 채 있었으면 좋겠다. 병을 치료받으면 좋겠다. 남편의 핍박을 받지 않으면 좋겠다.' 등 원하는 것이 있습니다. 이때 "하나님, 저의 병을 치료해 주세요." 하며 마음에 있는 것을 구하는 것이 마음의 기도입니다.

그런데 영은 마음의 말을 듣고 집을 구하고 병을 치료받고자 하는 기도를 하지는 않습니다. 또한 배가 고프다 해도 내 영이 "하나님! 제게 빵을 주세요."라고 기도하지는 않지요.

그러니 종일 방언으로만 기도하면 내 영이 양식을 구했는지 구하지 않았는지 알 수 없습니다. 본인도 모르기에 마음의 소원에 열매를 맺을 수 없지요.

다만 방언으로 하는 영의 기도는 영혼이 잘되도록 이끕니다. 내가 빵을 달라고 구하는 것보다는 영혼이 잘되는 것이 시급합니다. 결국 영혼이 잘됨같이 범사가 잘되고 강건하게 해 주시지요. 궁극적으로는 영의 기도를 통해 영혼이 잘되면 의식주 등 육적인 문제도 해결됩니다.

방언 기도는 어떤 점에서 유익한가?

그러면 여기서 잠시 방언이 어떤 점에서 유익한지 종합하여 말씀드리겠습니다.

첫째, 우리의 기도를 도와 영의 사람이 되도록 인도합니다.

둘째, 육의 부족함을 돕습니다.

성령의 도움으로 방언 기도를 하면 성령 충만하여 우리 육체가 신령한 몸으로 바뀌어 갑니다. 그래서 육체의 피곤함을 이길 수 있지요. 성령이 충만하지 못할 때에는 몸이 피곤하고 힘들지만 성령 충만한 가운데 하나님 일을 하면 날아갈 것같고 힘들지 않습니다. 또 육에는 눈에 보이는 현실만 추구하고 세상을 바라보며 죄를 지으려하는 속성이 있습니다. 그런데 방언 기도를 하면 그러한 육을 벗으며 이길 수 있습니다.

셋째, 영적 눈을 뜨게 하고 충만함을 주며 육체를 깨끗게 합니다.

영안이 열리지 않으면 어둠 가운데 살 수밖에 없습니다. 범죄하니 육체를 깨끗하게 보존할 수 없습니다. 그러나 방언 기도를 통해 영의 사람이 되면 영적 눈이 뜨여서 그만큼 죄에서 떠나 깨끗한 육체를 지닐 수 있습니다.

넷째, 앞으로 닥칠 일을 알 수 있게 합니다.

열심히 말씀 안에 살며 불같은 기도를 하여 영적으로 충만할 때는 앞일을 알 수 있습니다. 예를 들어 어디를 가다가 불안하여 되돌아 왔는데 잠시 후 그 이유를 깨닫는 경우가 있습니다. 만일 그대로 가면 안 될 일이 있기 때문에 하나님께서 막으신 것입니다. 또 기다리던 버스가 왔는데 왠지 타고 싶지 않아 다음 차를 탔는데 가다 보니 앞 차가 사고가 나 있는 경우도 있습니다. 자신은 몰랐지만 내 안의 영이 알기 때문에 사고를 피하게 해 준 것입니다. 성령 충만할 때에는 사고를 만나지 않고 만사가 형통한데 바로 영이 주관하기 때문입니다.

다섯째, 더욱 분명하게 하나님과 교통하게 합니다.

영의 사람이 될수록 더 하나님과 교통을 잘합니다. 어린아이는 엄마 아빠의 사랑을 받기만 하는 반면, 장성한 자녀는 마음을 헤아려 부모를 기쁘게 하는 것과 마찬가지입니다. 방언을 통해 하나님과 교통하며 온전히 뜻을 좇아 나갈 수 있습니다.

여섯째, 내세의 소망과 믿음을 충만케 합니다.

가령, 같은 날 두 사람이 교회에 등록했다고 합시다. 그런데 한 사람은 방언 은사를 받아 열심히 방언 기도를 하고, 다른 한 사람은 그런 체험 없이 그냥 교회에 왔다 갔다 합니다.

1년 후 두 사람을 견주어 보면, 똑같이 예배를 드리고 기도를 드렸다고 해도 방언 기도를 한 성도는 하늘나라의 소망이 충만하며 믿음도 월등히 나을 것입니다. 방언 기도를 통해 성령 충만하고 성령의 도움을 받아 위에서 설명한 여러 유익함을 얻기 때문입니다.

마음의 기도를 하지 않으면 방언 기도를 해도 열매를 맺지 못한다고 합니다. 또 마음의 기도를 해도 영혼이 잘되지 못하면 응답이 없다고 하지요. 그렇다면 어떻게 해야 할지 답답할 수 있습니다. 사도 바울은 다음과 같이 명답을 줍니다.

바로 마음의 기도를 하고 영의 기도도 하는 것입니다. 마음의 기도만 하면 오래 못하지요. 기도를 많이 하지 않던 사람은 조금 하다 보면 기도할 내용이 없습니다. 그러면 영의 기도를 합니다. 영의 기도를 할 때에는 잡념을 버리고 집중하여 방언만 하는 것입니다. 그러다 다시 마음의 기도를 하고, 기도가 끊긴다 싶으면 충만하도록 영의 기도를 합니다. 마음의 기도와 영의 기도를 번갈아 가면서 하면 되지요.

영의 찬미와 마음의 찬미

이어서 "내가 영으로 찬미하고 또 마음으로 찬미하리라." 했습니다. 영의 찬미와 마음의 찬미는 다릅니다. 찬미(讚美)란 감동이 우러나 하나님의 뜻을 즐거이 기리며 그 아름다움과 능력, 고마움을 표현하는 것으로서 곡조 있는 찬양을 말합니다.

충만한 방언 기도에 들어가면 성령의 감동 가운데 곡조 있는 찬양이 나옵니다. "하나님, 그 영원하심을 찬양하나이다. 기뻐하나이다. 감사하나이다." 하는 찬미가 감동 속에 나오는데 체험한 분들은 알 것입니다.

저는 신학교 시절에 섬기던 교회에서 항상 철야 기도를 했습니다. 깊이 기도할 때 성령의 감동 속에서 영의 찬미가 나오곤 했는데 몸도 따라 움직였습니다. 나도 모르게 손이 위로 올라가며 덩실 춤을 추지요.

영으로 찬미하는 단계에서 더 깊이 들어가면 감동 속에서 율동이 나오고 더욱 깊이 들어가면 능력의 방언을 합니다. 이런 사람이 만일 강도를 만났다면 즉시 능력의 방언이 튀어나옵니다. 이 방언을 통해 사단이 물러가기 때문에 갑자기 강도의 손이 굳어버린다든지 마음이 바뀌어 돌아간다든지 하여 피해를 당하지 않습니다. 영적 세계는 이처럼 무한한 것입니다.

방언 기도를 많이 한 사도 바울

그렇지 아니하면 네가 영으로 축복할 때에 무식한 처지에 있는 자가 네가 무슨 말을 하는지 알지 못하고 네 감사에 어찌 아멘 하리요 너는 감사를 잘하였으나 그러나 다른 사람은 덕 세움을 받지 못하리라 내가 너희 모든 사람보다 방언을 더 말하므로 하나님께 감사하노라 그러나 교회에서 네가 남을 가르치기 위하여 깨달은 마음으로 다섯 마디 말을 하는 것이 일만 마디 방언으로 말하는 것보다 나으니라 14:16-19

영의 기도는 나의 영혼이 잘되도록 하는 기도이지만 그렇다고 해서 상대를 위한 기도를 전혀 하지 않는 것은 아닙니다. 하지만 기도를 한다 해도 통역하지 못하면 상대가 알아듣지 못하여 분별치 못하니 덕을 쌓지 못하고 유익하지 않다는 말입니다. 또한 영이 상대를 위해 축복 기도를 해도 그것을 알아들을 수 없으니 '아멘' 하거나 감사할 수 없습니다.

그렇다고 해서 "방언은 하지 말아야 할까?"라고 오해하면 안 됩니다. 방언은 깨닫지 못하므로 마음의 열매를 맺지 못하더라도 영에는 유익하니 많이 해야 합니다.

사도 바울은 다른 사람보다 방언 기도를 많이 하므로 자부심이 있습니다. 오늘날 방언 기도에 대해 고린도전서 14장 말씀을 오해해서 "아무 도움이 안 되니까 할 필요가 없다."고 가르치는 경우가 더러 있습니다. 이렇게 혼란을 빚고 오해할 수 있기에 사도 바울이 "내가 너희 모든 사람보다 방언을 더 말하므로 하나님께 감사하노라." 하여 방언 기도를 많이 할 것을 말씀합니다.

여기에서 알아야 할 것은 "너희 모든 사람보다 방언을 더 말한다."는 말에는 양이 많다는 뜻도 있지만, 고린도교회 교인들보다 더 깊고 넓고 높은 단계에서 한다는 것을 의미합니다. 이렇게 양과 질을 통틀어 방언을 많이 하므로 하나님께 감사한다고 표현합니다.

그런데 이 말씀을 오해하여 "그럼 나도 사도 바울처럼 방언 기도만 해야 되겠다."라고 하지 않도록 단서를 붙입니다. 형제를 가르치기 위해 깨달은 마음으로 다섯 마디 말을 하는 것이 일만 마디 방언으로 말하기보다 낫다는 것입니다.

만일 제가 일상의 언어가 아닌 방언으로만 설교를 한다고 합시다. 성도들은 방언 통역을 들어야 무슨 말인지 알 수 있습니다. 방언 통역을 하지 않으면 알아듣지 못하니 아무 도움이 안 되지요. 그렇다고 방언의 중요성이 없다는 것이 아닙니다. 상대방이 깨우치지 못하면 아무 소용 없음을 말씀하는 것입니다. 방언 기도는 내 영이 성장하는 데에는 필요하고 유익합니다. 그러니 마음의 기도를 많이 하고 방언 기도도 많이 해야 합니다.

방언과 예언의 비교

세 살짜리 아이의 지혜와 스무 살 먹은 청년의 지혜는 어떨까요?

깊은 영적 말씀은 세 살짜리 아이나 초등학생은 이해할 수 없습니다. 그러므로 지혜에는 아이가 되지 말고 어른이 되어야 하지요. 하지만 비진리의 지혜라면 차라리 어린아이가 되는 것이 낫습니다. 그 다음에 나오는 "악에는 어린아이가 되라."는 말씀이 바로 그것입니다.

어린아이는 자라면서 악으로 물들어 갑니다. 두 살 때와 다섯 살 때의 악이 다르고 열 살 때와 스무 살 때의 악이 다릅니다. 자라면서 더 많은 악을 심는 것입니다. 그러니 악에는 어린아이가 되어야지요.

물론 어린아이라고 해서 악이 전혀 없는 것은 아닙니다. 부모에게서 타고난 원죄라는 악의 모습이 있습니다. 그렇지만 아무래도 어린아이는 순수하기 때문에 부모가 "이것을 하지 마라." 하면 잘 순종합니다.

우리도 악에는 어린아이가 되어서 하나님 말씀에 순종하는 사람이 되어야 합니다. 그리고 성장하면서 심은 비진리와 악을 하나하나 뽑아내는 작업을 해야 합니다.

우리가 진리의 말씀을 들은 뒤 악을 뽑아낼 때 육체의 법과 성령의 법이 싸우기 때문에 때로 곤고하고 힘이 듭니다. 이때 싸우지 않는 쉬운 비결이 있는데 그냥 말씀에 순종하여 악을 빼내 버리는 것입니다. 그러지 않기 때문에 싸우는 것이지요.

예를 들어 술을 끊으려는데 술친구들을 멀리하는 것이 서운하고 교제나 사업을 하는 데 지장이 있을 것 같습니다. 직장 동료나 세상 친구와 어울리는 데에도 문제가 많다고 생각하지요. 그러니 술에 대한 미련을 버리지 못해서 끊지 못합니다.

정말 마음에 "하나님을 기쁘게 해 드리고 진리를 좇아 살자." 결심하면 성령께서 도우시니 어찌 끊지 못하겠습니까? 결국 마음먹기에 달려 있는 것이며, 이는 다른 죄도 마찬가지입니다.

잠언 9장 10절을 보면 "여호와를 경외하는 것이 지혜의 근본이요"라고 하였습니다. 왜 여호와를 경외하는 것이 지혜의 근본이 될까요? 누구를 경외한다면 그의 말을 신뢰하고 순종할 수 있습니다. 마찬가지로 하나님을 경외하면 믿고 순종합니다. 그래서 계명을 지켜 나가면 비진리를 버리고 진리를 심어 성결할 수 있습니다.

야고보서 3장 17절에 "오직 위로부터 난 지혜는 첫째 성결하고"라고 말씀한 대로 성결은 지혜의 첫째 조건입니다. 성결하면 하늘로부터 지혜가 오니 여호와를 경외하는 것이 지혜의 근본이 됩니다. 이러한 하늘의 지혜에는 아이가 되지 말고 어른이 되며 악에는 어린아이가 되라고 말씀합니다.

왜 방언은 믿지 않는 자들을 위한 표적인가?

율법에 기록된 바 주께서 가라사대 내가 다른 방언하는 자와 다른 입술로 이 백성에게 말할지라도 저희가 오히려 듣지 아니하리라 하였으니 그러므로 방언은 믿는 자들을 위하지 않고 믿지 아니하는 자들을 위하는 표적이나 예언은 믿지 아니하는 자들을 위하지 않고 믿는 자들을 위함이니 14:21-22

여기서 '저희'란 말해도 듣지 않는 완악한 마음의 백성을 말씀합니다(사 28:10-12). 오늘날에도 마음이 완악하여 듣지 않는 사람들이 많습니다. 방언은 바로 이러한 사람을 위한 표적입니다.

그렇다고 "방언은 믿지 않는 사람들이 받는 것이구나."라고 오해해서는 안 됩니다. 여기에서 "믿지 않는 자들"이란 주 안에서 믿지 않는 사람을 말합니다. 교회에는 다니지만 의심하고 믿지 못하는 사람을 말하지요. 성령을 받았지만 믿음이 성장하지 못해 의심하고 이리저리 흔들리는 사람, 지식적인 믿음을 가진 사람 등을 다 포함합니다. 이런 사람을 위한 것이라는 말입니다.

　이런 사람이 방언을 받아 열심히 방언 기도를 하면 영이 성장하며 믿음도 성장합니다. 그래서 방언을 믿지 않는 사람들을 위하는 표적이라고 한 것입니다.

　예언은 믿지 않는 사람을 위한 것이 아니라 믿는 사람을 위한다고 했습니다. 왜 그런 것일까요? 믿음이 성장할수록 예언을 사모합니다. 이렇게 사모하여 예언을 받으면 더 깊은 영적인 단계에 들어가며 더 충만할 수 있습니다. 예언은 알지 못하던 것도 깨우쳐 주며 믿음이 있는 사람은 그 말씀을 명심하여 순종해 나가므로 더 깊은 믿음의 차원에 들어갑니다. 그러니 예언은 믿는 사람에게 유익하며 그들을 위한 것입니다.

> 그러므로 온 교회가 함께 모여 다 방언으로 말하면 무식한 자들이나 믿지 아니하는 자들이 들어와서 너희를 미쳤다 하지 아니하겠느냐 14:23

　만일 교회의 모든 성도가 함께 모여 방언만 한다면 영적으로 무지한 사람이나 믿지 않는 사람들은 알아듣지 못하니 "내가 잘못된 교회에 왔구나." 할 수밖에 없습니다.

　그러므로 핍박을 자초하거나 잘못됐다는 말을 듣지 않도록 절제

된 신앙생활을 해야 합니다. 초신자에게도 잘 이해시켜 복음 전파가 막히는 일이 없도록 해야 하지요.

예언은 믿는 사람을 위한 표적이지만 믿지 않는 사람에게도 유익합니다. 이것이 예언의 유익점입니다.

예언을 통해 각 사람에게 맞는 정확한 권면이나 책망의 말씀이 나오는 것을 들으면서 "참으로 너희 가운데 하나님이 계시구나."라는 말을 합니다. 또 선한 마음이 조금이라도 있는 사람은 예언으로 지적받으면 "아니, 내 마음을 어떻게 알지? 과연 하나님이 함께하시나 보다." 하고 회개하여 예수 그리스도를 영접하기도 합니다.

예언을 이해하려면 믿는 사람들을 위한 것과 믿지 않는 사람들을 위한 두 가지 측면을 봐야 합니다. 예언을 한다 해서 모든 사람이 하나님을 인정하고 돌이키는 것은 아닙니다. 스데반 집사가 죄악을 지적하니 악한 자들은 돌로 쳐 죽였습니다(행 7장). 이와 같이 예언할 때에 선한 사람은 회개하고 돌이키는 반면 악한 사람은 오히려 비난합니다.

이처럼 하나님께서 주신 예언을 하는 데에는 장단점이 있습니다. 악한 사람에게 핍박을 받는 한편 선한 사람은 하나님이 계시다 인정하며, 성도는 신속하게 믿음이 성장할 수 있습니다.

덕을 세우기 위하여 하라

교회에는 예배와 구역 예배, 기도회 등 다양한 모임이 있습니다. 이렇게 주 안에서 모일 때에 하나님 앞에 찬양하고 말씀을 가르칩니다. 또 계시도 있고 방언 기도도 합니다.

이러한 것이 하나님의 뜻이고 명령입니다. 그래서 우리가 모일 때에 찬송, 말씀, 계시, 방언, 방언 통역 등 모든 것이 있어야 합니다. 찬송, 말씀 등 어느 한두 가지만 있어서는 안 되며 모든 것을 하되 덕을 세우기 위해 해야 합니다. 하나님께 받은 은사가 질서 있게 잘 운용되어 혼란이 없도록 하기 위해 주신 말씀입니다.

앞서 방언 등에 대해서는 말씀드렸습니다. 그러므로 여기서는 '계시'에 대해 잠시 알아보겠습니다.

오늘날 만일 "어느 목사님이 계시 받는다." 한다면 이구동성으로 "그 교회는 잘못된 곳이니 가지 마라. 가면 큰일 난다."고 말을 합니다. 이는 하나님 말씀에 무지하기 때문입니다.

'계시'를 사전에서 보면 '사람의 지혜로 알지 못하는 신비로운 일을 신이 가르쳐 알게 함, 사람으로서는 알 수 없는 진리를 신이 영감으로 알려 줌'이라고 나와 있습니다.

예수 그리스도를 영접한 사람은 성령을 받습니다. 이렇게 믿는 사람에게 성령께서 영감으로 알려 주시는 것이 바로 '계시'입니다. 로마서 8장 14절에 "무릇 하나님의 영으로 인도함을 받는 그들은 곧 하나님의 아들이라" 했습니다. 그러므로 믿는 사람은 당연히 하나님과 영적으로 교통하며 그 같은 영감을 받습니다.

사도 바울은 "형제들아 내가 너희에게 알게 하노니 내가 전한 복음이 사람의 뜻을 따라 된 것이 아니라 이는 내가 사람에게서 받은 것도 아니요 배운 것도 아니요 오직 예수 그리스도의 계시로 말미암은 것이라"(갈 1:11-12) 말했습니다. 자신이 전한 복음이 사람에게 받은 것이 아니고 책을 통해 배운 것도 아니며 바로 예수 그리스도의 계시로 받았다는 것입니다.

예수님께서는 "내 아버지께서 모든 것을 내게 주셨으니 아버지 외에는 아들을 아는 자가 없고 아들과 또 아들의 소원대로 계시를 받는 자 외에는 아버지를 아는 자가 없느니라"(마 11:27) 말씀하셨습니다. 예수님은 하나님의 아들이기에 하나님에 대해 온전히 아셨습니다. 예수님의 소원대로 계시를 받는 자 외에는 하나님을 아는 사람이 없다고 말씀합니다.

"예수 그리스도의 계시라 이는 하나님이 그에게 주사 반드시 속히 될 일을 그 종들에게 보이시려고 그 천사를 그 종 요한에게 보내어 지시하신 것이라 요한은 하나님 말씀과 예수 그리스도의 증거 곧 자기의 본 것을 다 증거하였느니라 이 예언의 말씀을 읽는 자와 듣는 자들과 그 가운데 기록한 것을 지키는 자들이 복이 있나니 때가 가까움이라"(계 1:1-3)

예수 그리스도의 이름으로 천하 만물이 창조되었고 계시도 예수 그리스도께서 주시는 것입니다. 그래서 주님은 만왕의 왕이고, 만주의 주가 되시지요.

예언한 것이 요한까지라는 의미는?

어떤 사람은 "성경에 계시는 세례 요한까지로 끝났다고 했는데 어떻게 이 시대에 계시를 받을 수 있는가?" 하고 반문합니다. 이는 성경을 오해한 것입니다. 마태복음 11장 13절에 보면 "모든 선지자와 및 율법의 예언한 것이 요한까지니"라고 말씀합니다. 즉 '계시'가 아니라 '예언'이라고 했습니다.

일반적으로 예언은 '미래의 일을 선포하여 알리는 것'을 말하지만 마태복음 11장에서 말하는 예언은 그러한 의미가 아닙니다. 그렇다면 어떤 의미일까요?

구약은 우리의 구세주로 예수님께서 오실 것을 기록한 말씀입니다. 이스라엘 선민은 구세주가 나타나기를 학수고대하였습니다. 모든 선지자나 세례 요한까지 외친 것은 "구세주, 즉 예수가 너희를 구원하기 위해 오신다."는 것입니다.

히브리서 10장 1절에 "율법은 장차 오는 좋은 일의 그림자요 참 형상이 아니므로" 하였습니다. 구약은 그림자이고, 본체는 신약의 예수 그리스도이십니다. 예수님께서도 요한복음 5장 39절에 "너희가 성경에서 영생을 얻는 줄 생각하고 성경을 상고하거니와 이 성경이 곧 내게 대하여 증거하는 것이로다"라고 말씀합니다.

그러니 앞으로 오실 구세주를 예언한 것은 바로 주님의 길을 예비한 세례 요한까지로 끝나는 것입니다. 이런 의미를 알아 오늘날에는 계시를 받을 수 없는 것으로 오해해서는 안 됩니다.

에베소서 3장 3절에 "곧 계시로 내게 비밀을 알게 하신 것은 내가 이미 대강 기록함과 같으니" 말씀한 대로 하나님의 비밀, 또는 장래 일을 계시로 알 수 있습니다. 또 아모스 3장 7절에 보면 "주 여호와께서는 자기의 비밀을 그 종 선지자들에게 보이지 아니하시고는 결코 행하심이 없으시리라" 하여 하나님의 사랑받는 종, 사랑받는 자녀에게는 앞으로 될 일을 보여 주고 알려 준다고 했습니다.

예수 그리스도는 2천 년 전이나 지금이나 변함이 없으신 분입니다 (히 13:8). 더구나 신약은 은혜 시대이고 죄를 용서받은 시대이니 성령의 역사 가운데 하나님을 더 분명히 알 수 있고 교통할 수 있습니다. 이렇게 하나님과 교통하여 계시를 받을 때에 하나님의 정확한 뜻과 마음을 전할 수 있습니다.

> 만일 누가 방언으로 말하거든 두 사람이나 다 불과 세 사람이 차서를 따라 하고 한 사람이 통역할 것이요 만일 통역하는 자가 없거든 교회에서는 잠잠하고 자기와 및 하나님께 말할 것이요 14:27-28

방언을 할 때에는 두 사람 또는 세 사람이 나와서 순서대로 통역을 받으라 말씀합니다. 만약 통역하는 사람이 없을 때에는 방언하지 말라고 한 것이 아니라 하나님과 단둘이 방언하라 하십니다. 교회에서는 잠잠하라 한 것은 방언은 질서를 따라 해야지 아무 데서나 해서는 안 되기 때문입니다.

만일 내가 묵상 기도하는데 다른 사람이 소리내어 방언 기도하면 방해가 됩니다. 또 예배 시간에 혼자 방언을 해서도 안 됩니다. 사회자가 "성전 건축을 위해 기도합시다."라는 기도 제목을 주었다면 합심하여 이를 위해 기도해야지 혼자 방언으로 기도한다면 덕이 되지 않습니다.

하지만 기도회 등에서 통성으로 개인 기도를 할 때에는 마음껏 방언을 할 수 있습니다. 이렇게 때와 장소를 잘 분별해서 해야 합니다.

예언하는 데의 질서

예언자가 많이 있어 여기저기에서 예언을 한다면 혼란스러울 것입니다. 예언하는 사람이 많을 때에는 한 사람이 예언하고 난 후 다른 사람이 순서에 따라 해야 합니다.

그러는 동안 다른 이들은 예언을 분변해야 합니다. 혹 사단의 역사로 잘못된 예언이 나올 수 있으므로 하나님 말씀으로 잘 분변해야 한다는 말씀입니다.

예언하다가 다른 이에게 계시가 임하면 예언하던 사람은 잠잠히 그에게서 나오는 말씀을 들어야 합니다. 성령의 아홉 가지 열매 중에 오래 참음, 절제가 있고 성령은 하나이기 때문입니다. 그러지 않고 자신만 계속해서 하고자 한다면 질서가 어지럽게 됩니다. 자기 혼자 예언하겠다고 고집해서는 안 되고 하나씩하나씩 예언할 수 있으며, 또한 각 사람에 대한 예언이 나온다면 한 사람씩 다 예언해 줄 수 있습니다.

만일 내가 예언하다가 다른 이에게 예언이 임하면 곧바로 절제해야 합니다. 이렇게 은사를 받은 사람들이 질서에 따라 화평하게 하나를 이룰 때 초신자들이나 다른 이들이 은혜를 받고 또 질서를 배울 수 있습니다. 그렇지 않고 은사를 받았다는 이들이 질서를 무시하고 분별없이 나간다면 덕이 안 될 것이며 혼란만 가중할 것입니다. 사랑과 덕과 화평 속에 하나님 나라와 의를 이루어야 합니다.

여자는 교회에서 잠잠하라는
영적 의미는

모든 성도의 교회에서 함과 같이 여자는 교회에서 잠잠하라 저
희의 말하는 것을 허락함이 없나니 율법에 이른 것같이 오직 복
종할 것이요 14:34

이 말씀을 문자적으로 해석하여 여자에게 발언을 못하게 하고 직
분도 주지 않는 교회가 있습니다. 그러면 이 말씀의 참된 영적 의미
는 무엇일까요?

이 말씀을 이해하기 위해서는 근원부터 알아야 합니다.

창세기 3장 16절에 보면 하나님께서 "또 여자에게 이르시되 내가
네게 잉태하는 고통을 크게 더하리니 네가 수고하고 자식을 낳을 것
이며 너는 남편을 사모하고 남편은 너를 다스릴 것이니라"고 말씀
하셨습니다.

처음 여자를 창조할 때에는 남자로부터 다스림을 받는다고 하시
지 않았는데 여자가 저주를 받은 후 이 말씀이 나옵니다. 여자가 뱀

의 유혹에 넘어가 남편보다 먼저 선악과를 따먹었으며, 남편에게도 주어 범죄하게 했기 때문입니다.

물론 남자도 선악과를 먹었기에 죄인이지만 여자가 먼저 따먹고 남자를 먹게 했기에 여자가 더 큰 죄인입니다. 근본적으로 이러한 속성이 있어서 대체로 여자는 남자보다 마음이 곧지 못하며 겁도 많고 연약하지요. 그래서 여자를 비유로 들어 영적인 뜻을 설명하고자 하는 것입니다.

성도가 아니라 비진리 속에 살아가는 사람을 의미

본문에서 '여자는 교회에서 잠잠하라.'는 것은 간사함과 경솔함 등 비진리의 속성을 가진 사람에게 하시는 말씀입니다. 여기서 '여자'는 문자 그대로 여성이나 하나님 안에 들어온 거룩한 '성도'를 가리키는 것이 아닙니다. 이제 교회에 나와서 아직 진리 안에 들어오지 못한 사람들을 말씀합니다.

즉 이 말씀의 영적인 뜻은 여자가 뱀의 유혹을 받아 남편을 범죄하게 했던 것처럼, 비진리의 사람은 교회에 나쁜 영향을 끼치기 때문에 잠잠하라는 것입니다. 다만 순종하면서 하나님의 인정받는 자녀요 일꾼으로 나올 것을 당부하시는 말씀이지요.

이러한 사람들이 잠잠하지 않으면 사단의 역사가 일어납니다. 만일 말씀 안에 살지 않는 사람들이 교회에서 말을 많이 하다 보면 비진리가 나오고 남을 험담하며 말을 보태어 잘못 전합니다. 또 조그만 일도 쉽게 오해하고 판단하고 헤아리며 대부분 비진리 속에 경솔한 행동을 합니다. 그러니 교회가 어떻게 하루인들 잠잠할 수 있겠습니까?

이러한 사람들은 자신의 주장을 앞세우지 말고 열심히 순종해 나가야 합니다. 그러면 진리가 내 안에 들어와 변화되어 하나님께 인정받는 일꾼, 정식 성도가 됩니다.

하나님의 도를 좇는 거룩한 무리, 즉 성도는 교회 안에서 질서를 좇아 순종하며 잠잠합니다. '순종이 제사보다 낫다'(삼상 15:22)는 말씀처럼, 자신의 생각이나 뜻에 맞추지 않고 오로지 하나님께 순종하고 질서를 좇아 순종합니다. 그래서 34절에 "모든 성도의 교회에서 함과 같이"라고 한 것입니다.

여자는 교회에서 잠잠하라고 했다고 해서 진리 안에 사는 여 성도에게 잠잠하라고 해서는 안 됩니다. 남자보다 여자가 더 담대하고 하나님을 사랑하며 믿음이 좋으면 하나님께서는 여자를 들어 쓰셨습니다. 구약 시대에도 드보라의 경우처럼, 여인이 백성을 인도하는 사사로 세워진 적도 있었고, 백성에게 하나님의 뜻을 전하는 여 선지자도 있었습니다. 오늘날에도 마찬가지입니다. 여자가 더 믿음이 좋으면 얼마든지 앞서 이끄는 인도자가 될 수 있지요.

만일 무엇을 배우려거든 집에서 자기 남편에게 물을지니 여자가

진리 안에 사는 성도라면 모이면 기도하고 찬송하며 진리로 대화하고 권면하며 은혜의 말을 합니다. 그러나 진리 안에 살지 못하는 사람의 경우, 다는 아니겠지만 험담을 잘하며 자기 유익을 좇아 말을 합니다.

이러한 사람들이 교회에서 둘, 셋씩 모여서 입을 맞춘다면 얼마나 분쟁과 시험거리가 많이 생기고 사단의 역사가 일어나겠습니까? 그래서 이러한 것을 주님께서 염려하여 잠잠하라고 가르치십니다.

그러면 '무엇을 배우려거든 집에서 남편에게 물으라.' 하신 말씀의 의미는 무엇일까요? 이는 진리 안에서 세우신 질서입니다. 하나님께서는 남자를 여자의 머리로 세우셨고, 또한 남자의 머리는 그리스도이시며, 그리스도의 머리는 하나님이십니다(고전 11:3). 따라서 여자는 남편에게 물으라는 것은 곧 주님께 물으라는 것이며, 남편에게 순종하라는 것은 결국 주님께 순종하라는 것입니다.

결론적으로 이 말씀은, 아직 신령한 것을 알지 못하는 사람은 오직 교회의 머리 되시는 그리스도에게 순종하라는 것입니다. 그렇게 할 때에 교회 안에서 질서가 지켜지고 하나가 되며 하나님 나라와 의를 이룰 수 있습니다.

모든 것을 적당하게,
질서대로 하라

하나님의 말씀이 너희에게로부터 난 것이냐 또는 너희에게만 임한 것이냐 만일 누구든지 자기를 선지자나 혹 신령한 자로 생각하거든 내가 너희에게 편지한 것이 주의 명령인 줄 알라 만일 누구든지 알지 못하면 그는 알지 못한 자니라 14:36-38

여기서 왜 이런 말씀을 하는 것일까요? 진리에 온전히 서 있지 못한 사람들은 자신을 내세우는 것을 부끄러워하지 않습니다.

이 말씀은 자신을 내세우는 모든 것이 부끄러움에 속한 것임을 말씀합니다. 성도라면 진리를 좇기 때문에 오히려 순종하고 섬기고 사랑을 주려 하며 자신을 드러내려 하지 않습니다. 이렇게 덕과 사랑이 임하여 섬기는 사람이 되면 더욱 사랑받습니다. 반대로 자신을 내세우고 섬김을 받으려 하면 오히려 점점 외면당하지요.

그래서 사도 바울은 진리 안에 온전히 살지 못하면서 아는 체하고 잘난 체하는 고린도교회 교인들에게 부끄러움을 알라고 말씀합니다.

37절에 "만일 누구든지 자기를 선지자나 혹 신령한 자로 생각하거든 내가 너희에게 편지한 것이 주의 명령인 줄 알라"고 하였습니다.

만일 고린도교회 교인들이 선지자나 신령한 사람이라면 사도 바울이 편지하고 가르쳐 준 것이 하나님 말씀인 줄 알고 당연히 그 안에서 진리를 좇아 순종하고 섬겼을 것입니다. 또한 그들이 주의 명령인 줄 알고 순종했다면 이런 글이 필요가 없습니다. 그러지 못했기 때문에 이 말씀을 하는 것이지요. 즉, "너희 스스로 선지자라 해도 선지자가 아니요, 신령한 자라 해도 신령한 자가 아니라."는 말입니다. 신령한 사람이라면 사도 바울이 편지한 것, 가르친 것이 모두 주의 명령임을 압니다.

"만일 누구든지 알지 못하면 그는 알지 못한 자니라."는 말씀은 어떤 의미일까요?

하나님 말씀대로 살지 않는 사람은 신령한 세계를 모릅니다. 내가 기도하고 죄를 버리며 말씀대로 살아갈 때에 영안이 열려 신령한 차원으로 들어가니 "이런 세계가 있구나." 하며 분별해 갑니다. 그러나 아무리 오래 신앙생활을 하고 예배에 열심히 참석했다고 해도 말씀대로 준행하지 않고 기도하지 않으면 실상은 여전히 모르는 사람입니다. 신령한 것을 알지 못하는 사람이 어떻게 분별할 수 있겠습니까?

그러니 사도 바울의 편지도 그저 하나의 편지로 알고 사람의 말로 아는 것입니다.

예언하지 말라고 한 것이 아니라 오히려 사모하라고 했습니다. 이는 하나님 말씀입니다. 그런데 오늘날 예언한다고 하면 "잘못된 교회다."라고 판단하는 경우가 있습니다. 물론 잘못된 예언도 많습니다. 그러나 참된 예언도 있으니 무조건 예언하면 잘못되었다고 해서는 안 됩니다. 또한 방언이 잘못됐다며 금해서도 안됩니다. 이를 금한다면 진리를 대적해 가는 사단의 역사입니다.

여기서 모든 것을 적당하게 하라는 말씀은 정확하게, 질서 있게, 알맞게 하라는 의미입니다. 하나님께서는 예언을 해도 질서정연하게 하라고 하십니다. 하나님은 질서와 화평과 사랑, 그리고 공의로운 진리의 하나님이십니다. 그러니 모든 것을 정확하게, 질서 있게, 알맞게 해야 합니다.

15장
부활

부활하신 그리스도

나의 나 된 것은 하나님의 은혜로

부활이 없다고 한다면

첫 열매이신 그리스도

죽은 자들을 위한 세례란

천국에서는 각 사람의 영광이 다르기에

죽은 자의 부활이란

마지막 나팔에 순식간에 홀연히 다 변화하리니

부활하신 그리스도

형제들아 내가 너희에게 전한 복음을 너희로 알게 하노니 이는 너희가 받은 것이요 또 그 가운데 선 것이라 너희가 만일 나의 전한 그 말을 굳게 지키고 헛되이 믿지 아니하였으면 이로 말미암아 구원을 얻으리라 15:1-2

오늘날의 교회를 비유 들면 담임 목회자가 강단에서 복음을 열심히 전합니다. 양 떼에게 진리 말씀을 가르쳐 나가는 것입니다. 양 떼는 그 말씀을 받아 영적 성장을 합니다.

예컨대 "미워하지 말며 원수까지도 사랑하라." 하신 하나님의 뜻을 전하면 그 말씀을 마음에 받아서 미워하지 않도록 열심히 노력합니다. 이것이 "너희로 알게 하노니 이는 너희가 받은 것이요."에 해당됩니다. 그리고 이제 열심히 미움을 버려서 미워하지 않는 사람이 되었다면 그 말씀 안에 선 것입니다.

사도 바울은 우리가 하나님 말씀을 마음에 새기고 지켜 행한다면 헛되이 믿지 않은 것이라 말씀합니다. 만약 행함이 따르지 않으면 죽은 믿음이니 헛되이 믿은 것입니다.

하나님 말씀을 받아 굳게 지키면 구원받지만 지키지 않는다면 하나님과 상관이 없기 때문에 구원받지 못합니다. 오늘날 교회에 왔다 갔다 하면서 "주여! 믿습니다!" 하면 구원받는 것으로 잘못 가르치는 경우가 있는데 성경 어디에도 그런 말씀은 없습니다. 오직 하나님 말씀대로 지켜 행할 때라야 구원받습니다(마 7:21).

사도 바울은 주님으로부터 친히 계시받은 것을 전하였다고 말씀합니다. 성경에는 구세주가 나타나서 우리의 죄를 위하여 죽으실 것이라는 기록이 자주 나옵니다.

"그는 실로 우리의 질고를 지고 우리의 슬픔을 당하였거늘 우리는 생각하기를 그는 징벌을 받아서 하나님에게 맞으며 고난을 당하다 하였노라 그가 찔림은 우리의 허물을 인함이요 그가 상함은 우리의 죄악을 인함이라 그가 징계를 받음으로 우리가 평화를 누리고 그가 채찍에 맞음으로 우리가 나음을 입었도다 우리는 다 양 같아서 그릇 행하여 각기 제 길로 갔거늘 여호와께서는 우리 무리의 죄악

을 그에게 담당시키셨도다”(사 53:4-6)

예수님이 우리 죄악을 다 담당할 것을 예언한 말씀입니다. 계속해서 11절에 보면 “많은 사람을 의롭게 하며 또 그들의 죄악을 친히 담당하리라” 했습니다. 우리가 믿음으로 죄인이라는 신분을 벗고 의인이란 말을 들으며 하나님의 아들, 딸이 됩니다. 그리고 믿음으로 말씀 안에 살아가는 만큼 더욱 의로워집니다.

예수님께서 죽은 지 사흘 만에 다시 살아난다는 기록이 신, 구약 성경에 많이 있습니다. 시편 16편 10절에 “이는 내 영혼을 음부에 버리지 아니하시며 주의 거룩한 자로 썩지 않게 하실 것임이니이다”라고 기록되어 있습니다. 예수님의 영혼이 음부에 내려갔지만 다시 살아나실 것을 말씀합니다.

마태복음 12장 40절에 보면 예수님께서 “요나가 밤낮 사흘을 큰 물고기 뱃속에 있었던 것같이 인자도 밤낮 사흘을 땅속에 있으리라” 하였습니다. 여기에서 ‘땅속’은 영적으로 음부를 말합니다. 이 말씀대로 예수님께서 금요일에 십자가에 못 박혀 운명하고 3일간 음부에 계셨다가 일요일 새벽 미명에 부활한 것입니다.

게바에게 보이시고 후에 열두 제자에게와 그 후에 오백여 형제에게 일시에 보이셨나니 그 중에 지금까지 태반이나 살아 있고 어떤 이는 잠들었으며 그 후에 야고보에게 보이셨으며 그 후에 모든 게바는 예수님의 수제자 베드로를 말합니다. 성경에 보면 부활하신 주님이 열두 제자 앞에 여러 번 나타나셨고, 그 후 오백여 형제 앞에 나타나셨습니다. 이처럼 부활하여 썩지 않을 영체의 몸을 입은 주님을 본 증인이 많습니다.

그중에 죽은 사람도 있지만 사도 바울이 고린도교회에 편지를 쓸 당시만 해도 태반이 살아 있을 때입니다. 어떤 이는 잠들었다 했는데 이는 예수 그리스도를 믿고 죽은 사람을 말합니다. 주님께서 공중 강림하실 때 그들도 부활할 것이므로 '죽었다.' 하지 않고 '잔다.' 말하는 것입니다.

그 후에 야고보에게 보이셨는데 여기에서 야고보는 예수님의 열두 제자 중 하나가 아닌 다른 사람입니다. 모든 사도라고 하는 것은 열두 사도와 사도 바울 외의 다른 사도들을 말합니다.

오늘날과 달리 초대교회 때에는 사도가 많이 있었습니다. 영적으로 사도란 진리로 온전히 변화되어 하나님의 뜻에 죽기까지 순종하며 사명을 감당하는 사람을 의미한다고 했지요. 하나님께서는 사도에게 기사와 표적을 나타낼 수 있는 능력을 주셔서 복음을 전하게 하십니다.

칠삭둥이나 팔삭둥이는 만삭되어 난 아이에 비해 체중이나 신체

기능이 온전하지 못합니다. 사도 바울은 바로 자신을 만삭되지 못하여 난 자 같다고 낮추어 말합니다. 그가 하나님을 만나기 전 사울이었을 때 하나님을 안다 했지만 바로 믿지 못하였습니다. 하나님을 지극히 사랑하며 구약의 율법대로 지켜 행하는 율법주의자였으나 진리를 바로 알지 못하고 주님을 만나는 체험이 없었기 때문에 오히려 그리스도인을 핍박하고 잡아 죽이려고 했습니다. 이렇게 온전치 못한 것을 '만삭되지 못하여 난 자 같다.'고 겸손히 표현한 것입니다.

나의 나 된 것은 하나님의 은혜로

나는 사도 중에 지극히 작은 자라 내가 하나님의 교회를 핍박하였으므로 사도라 칭함을 받기에 감당치 못할 자로라 15:9

사도 바울은 사도 중에 큰 사람입니다. 죽은 사람을 살리고 심지어 그의 몸에서 손수건이나 앞치마를 가져다가 병든 사람에게 얹으면 병이 낫고 어둠이 물러갔지요(행 19:12). 그러면 왜 사도 바울은 자신을 사도 중에 지극히 작은 사람이라고 표현한 것일까요?

그는 사도가 되기 전에 예수 믿는 사람들을 잡아 죽이고 핍박했습니다. 과거를 회상해 볼 때 심히 부끄러워 자신은 사도라 불리기에 지극히 작은 자에 불과하다는 것입니다.

'나는 사도가 아니다.'라고 하지 않고 '작은 자'라고 한 것은 과거의 잘못을 돌이키며 그에 대한 죄책감과 미안함과 겸손함 등을 다 포함하여 설명한 것입니다.

우리가 하나님의 일을 할 수 있는 것은 하나님께서 은혜를 주시기 때문입니다. 열심히 기도하고 금식하며, 전도하는 것도 하나님께서 은혜와 힘을 주시므로 할 수 있습니다. 내 힘으로 하는 것이 아니라 내가 열심히 하고자 할 때 하나님이 은혜를 주십니다.

죄를 버리는 것도 마찬가지입니다. 만일 내 힘으로 죄를 버릴 수 있다면 예수님께서 우리 죄를 위해 피 흘릴 필요가 없었을 것입니다. 그러나 내 힘으로는 작은 죄 하나도 버릴 수 없지요. 우리가 열심히 기도하면서 죄를 버리고자 노력할 때 하나님 은혜와 능력으로, 또 성령의 도움으로 버릴 수 있습니다. 그럴 때 주님의 보혈이 죄를 씻어 주시는 것입니다.

사도 바울은 베드로나 다른 모든 사도보다 수고를 더 많이 했습니다. 3차에 걸친 전도 여행을 통해 가는 곳마다 열심히 전도하고 교회를 개척했습니다. 온갖 핍박과 조롱을 받고 이단의 괴수라는 말까지 들으며 생명의 위협을 느껴야 했고 매도 수없이 맞으며 감옥에 갇히면서도 열심히 복음을 전파하였지요.

그러나 그것이 오직 나와 함께하신 하나님 은혜라 고백합니다. 참 믿음이 있는 사람은 이처럼 자신이 아무리 기도를 많이 하고 전도하며 충성했어도 모든 것을 하나님 은혜로 돌립니다.

성경은 '범사에 하나님을 인정하라' 말씀합니다(잠 3:6). 영혼 구원은 자기 힘으로 되지 않습니다. 지식이 많다 해서, 혹은 명예나 권세가 있다 해서 할 수 있는 것이 아니지요. 내가 믿고 기도하고 노력한 만큼 하나님께서 기뻐하고 은혜를 주시니 영혼 구원의 열매를 맺고 하늘나라에 상급이 됩니다.

사도 바울과 모든 사도, 그리고 하나님의 종이 다 이와 같이 수고하며 열심히 복음을 전파했습니다. 그래서 많은 사람이 십자가의 도를 믿었으며 주님의 부활과 재림을 믿었다는 말입니다.

부활이 없다고 한다면

사도 바울은 지금까지 "어떻게 신앙생활을 해야 할 것인가"와 질서, 은사 등을 여러 면에서 가르쳤습니다. 우리가 사명을 잘 감당하려면 믿음이 있어야 하고, 부활의 소망이 있어야 합니다. 그래서 15장에서는 결론적으로 믿음과 부활에 대해 언급합니다.

당시에 "주님은 부활하지 않았다. 어떻게 부활이 있을 수 있느냐?"고 말하는 사람들이 있었습니다. 예수님 당시에도 바리새인들은 영혼이 있다고 믿었지만 사두개인들은 믿지 않았고, 육의 호흡이 끊어짐과 동시에 모든 것이 끝나는 것으로 알았습니다.

오늘날에도 믿지 않는 사람은 대부분 이 땅에서의 삶이 다인 줄 압니다. 그러면서도 마음속 깊은 곳에서는 신과 내세와 심판이 있음을 부인할 수 없기 때문에 죄를 지을 때에는 두려움을 갖습니다. 그러나 자꾸 죄를 짓다 보면 점점 강팍해지고 결국 두려움마저 사라집니다. 그런 사람은 전도해도 예수 그리스도를 영접하기 힘듭니다.

> 만일 죽은 자의 부활이 없으면 그리스도도 다시 살지 못하셨으리라 그리스도께서 만일 다시 살지 못하셨으면 우리의 전파하는 것도 헛것이요 또 너희 믿음도 헛것이며 또 우리가 하나님의 거짓 증인으로 발견되리니 우리가 하나님이 그리스도를 다시 살리셨다고 증거하였음이라 만일 죽은 자가 다시 사는 것이 없으면 하나님이 그리스도를 다시 살리시지 아니하셨으리라 15:13-15

주님께서 이 땅에 오신 것은 우리 죄를 대속해 주시고 부활하여 영생을 얻게 하기 위해서입니다. 만일 주님의 부활이 없다면 우리에게도 부활이 없지요. 주님이 부활하신 것은 성경을 통해 잘 알 수 있습니다. 또한 인류 역사가 증거합니다.

우리는 예수님의 제자가 어떠한 사람들인지 잘 압니다. 십자가에 못 박히시기 전날 밤에 예수님이 붙들려 가니 제자들은 무서워 다 도망하였습니다. 그토록 담대하던 수제자 베드로도 예수님을 모른다고 세 번이나 부인했지요.

그러한 제자들이 주님의 부활을 목도한 후 어떻게 변했습니까? 칼에 목을 베이고 십자가 처형을 당하며 기름 가마에 던져지는 등 극

심한 핍박 속에서도 죽음을 두려워하지 않고 담대하게 복음을 증거했습니다. 그들이 그렇게 변한 것은 주님의 부활을 보았기 때문입니다. 부활하여 제자들에게 나타난 주님의 못자국과 창자국을 직접 보았지요. 이후로 그들이 전한 복음은 로마 제국을 복음화했고 결국 전 세계에 전파되어 오늘에 이르고 있습니다.

만일 그리스도께서 부활하시지 않았다면 우리는 미련한 사람이고, 이를 전파하는 것이 헛될 수밖에 없으며 다 거짓 증인이 됩니다. 그러나 부활이 사실이기 때문에 우리는 미련한 사람도 아니고, 결코 헛될 수 없습니다.

만일 죽은 사람의 부활이 없다면 하나님께서 예수 그리스도를 다시 살리실 이유도 없습니다. 하나님께서 그렇게 하신 까닭은 예수 그리스도를 믿고 죽은 사람마다 부활하여 하늘나라에 가게 하기 위해서입니다.

> 만일 죽은 자가 다시 사는 것이 없으면 그리스도도 다시 사신 것이 없었을 터이요 그리스도께서 다시 사신 것이 없으면 너희의 믿음도 헛되고 너희가 여전히 죄 가운데 있을 것이요 또한 그리스도 안에서 잠자는 자도 망하였으리니 만일 그리스도 안에서 우리의 바라는 것이 다만 이생뿐이면 모든 사람 가운데 우리가 더욱 불쌍한 자리라 15:16-19

참된 크리스천이라면 열심히 복음을 전하고 봉사하며, 땀 흘려 일하여 십일조와 감사예물을 드립니다. 세상과 짝하지 않고 거룩하게 살려고 노력합니다. 주일에는 놀러가지도 못하고 교회에 나와 예배드리고 있으니 만일 주님의 부활이 없다면 이 모든 일이 얼마나 어리석겠습니까?

또한 죄가 대속되어도 부활이 없으면 무슨 소용이 있겠습니까? 그러나 주님의 부활이 확실하기 때문에 우리는 어리석지 않습니다. 오히려 이 땅의 삶이 전부인 줄 알고 믿지 않는 사람들이 어리석지요.

그래서 하나님께서 세상 지혜를 미련하다고 하십니다(고전 3:19). 세상 지혜나 학문, 지식, 이론, 생각으로는 예수님의 부활이 믿어질 수 없으니 하나님께서는 우리의 모든 이론과 생각을 깨뜨리라 하십니다.

우리의 삶이 이 세상으로 끝난다면 우리는 몹시 불쌍한 사람입니다. 그러니 이생을 끝으로 아는 세상 사람들은 믿는 사람들을 불쌍하다거나 미련하다고 합니다.

그러나 이런 사람은 자기 지식과 생각 속에 판단한 것에 불과합니다. 잠시잠깐인 이 땅의 삶이 끝나면 영원한 세계가 펼쳐지기 때문입니다.

첫 열매이신 그리스도

그러나 이제 그리스도께서 죽은 자 가운데서 다시 살아 잠자는 자들의 첫 열매가 되셨도다 사망이 사람으로 말미암았으니 죽은 자의 부활도 사람으로 말미암는도다 15:20-21

첫 사람 아담 이후의 모든 후손은 '죽은 자'입니다. 육이 살아 있다 해도 결국은 썩을 것이며 영혼은 영원한 지옥에 들어갈 것이기 때문에 죽은 자라고 말합니다. 살아 있는 것 같아도 영적으로 죽었으므로 하나님 편에서는 죽은 자입니다.

그런데 십자가에 달려 죽었다가 다시 살아난 예수 그리스도를 믿고 죽은 사람들은 마지막 때에 다시 살아납니다. 그러니 그들을 '죽은 자'라 하지 않고 '잠자는 자'라고 합니다. 인류 역사상 예수 그리스도 외에는 완전히 죽었다가 다시 살아난 사람이 없습니다. 그래서 예수 그리스도를 잠자는 자들의 부활의 첫 열매가 되셨다고 말하고 있습니다.

21절에는 "사망이 사람으로 말미암았으니 죽은 자의 부활도 사람으로 말미암는도다" 했는데 과연 무슨 말일까요?

첫 사람 아담이 불순종하여 죄가 들어왔고 그로 인해 저주를 받아 에덴동산에서 쫓겨났습니다. 범죄한 아담의 후손은 조상을 통해 모두 원죄를 타고났으며, 살아가면서 죄를 짓습니다. 이렇게 원죄와 자범죄를 가진 죄인들은 죄의 삯은 사망이라는 영계의 법칙에 따라 (롬 6:23) 지옥에 떨어질 수밖에 없습니다.

아담의 범죄로 모든 사람이 사망에 이르게 되었으니 어떻게 해야 할까요? 죽은 자의 부활을 위해 누군가가 죄의 문제를 해결해 주면 됩니다. 이는 영적으로 이스라엘의 '토지 무르기 법'과 관련이 있습니다(레 25:23-28). 토지는 흙으로 지은 사람을 상징하기 때문입니다(창 3:19, 3:23). 율법에 따르면 토지를 팔았어도 본인이나 그 근족이 나타나서 대가를 지불하면 다시 물러 주도록 되어 있습니다. 마찬가지로 누군가가 죄를 대속해 주면 되는 것입니다.

죄의 대속과 구원의 섭리

하나님께서는 토지 무르기 법에 합당한 예수님을 통하여 구원의 길을 열어 주셨습니다. 예수님만이 모든 인류의 죄의 문제를 해결해 줄 수 있는 자격을 갖추신 분입니다. 그러면 토지 무르기 법에 합당한 구세주의 조건이란 무엇일까요?

첫째로 아담의 근족인 사람이어야 합니다. 레위기 25장 25절에 돈이 없어 토지를 팔더라도 근족이 대신 물러 줄 수 있다 한 대로 우리의 죄도 근족인 사람만이 대속할 수 있습니다. 예수님은 말씀이신 하나님이 우리 사람처럼 육신을 입고 이 땅에 오신 분이므로 아담의 근족, 곧 사람이어야 한다는 조건에 합당합니다.

둘째, 아담의 후예가 아니어야 합니다. 불순종한 아담의 핏줄을 타고난 후예는 모두 원죄가 있습니다. 죄인은 다른 이의 죄를 대속해 줄 수 없으므로 죄인인 아담의 후예가 아니어야 토지 무르기에 합당합니다. 예수님은 성령으로 잉태되어 나셨으므로 원죄가 없어 두 번째 조건에 합당합니다.

셋째, 토지 무를 힘이 있어야 합니다. 빚을 갚아줄 힘이 있는 사람만이 다른 사람의 빚을 갚아줄 수 있듯이 토지 무르기를 하려면 그만한 힘이 있어야 합니다. 마찬가지로 죄를 대속하기 위해서는 죄를 무를 수 있는 힘이 있어야 하는데, 영계에서는 죄가 없는 것이 힘입니다. 예수님은 원죄가 없을 뿐 아니라 율법을 온전히 준행하여 자범죄도 전혀 없기 때문에 우리를 구원할 힘을 지녔습니다.

넷째로 사랑이 있어야 합니다. 위의 조건이 모두 성립된다 해도 사랑이 없으면 아무 소용이 없습니다. 예수님께서 인류의 죄를 대속한다는 것은 죄인 된 인류가 받아야 할 사망의 형벌을 대신 받는다는 것을 의미하기 때문입니다. 예수님은 사랑이 많으므로 우리의 죄를 대신 지고 십자가에 못 박혀 돌아가셨습니다. 그래서 이를 믿는 사람은 죄가 대속되고 구원에 이르는 것이지요.

영계의 법칙에 의하면 죄의 삯은 사망이므로(롬 6:23) 누구든지 죄를 짓지 않으면 결코 사망에 이를 수 없는데 원수 마귀는 아무런 죄도, 흠도 없으신 예수님을 십자가에 못 박았습니다. 이는 원수 마귀 사단이 영계의 법을 어긴 것이요, 그 대가로 예수님을 구세주로 영접한 사람들을 내어줄 수밖에 없게 되었습니다. 그래서 누구든지 예수 그리스도를 믿으면 구원받아 하나님의 자녀된 권세를 얻게 된 것입니다.

아담 안에서 모든 사람이 죽은 것같이 그리스도 안에서 모든 사람이 삶을 얻으리라 그러나 각각 자기 차례대로 되리니 먼저는 첫 열매인 그리스도요 다음에는 그리스도 강림하실 때에 그에게 붙은 자요 15:22-23

아담의 불순종으로 모든 사람이 죽었으나 예수 그리스도로 말미암아 우리가 삶을 얻습니다. 부활의 첫 열매는 그리스도입니다. 그리스도 이전에 예수님처럼 죽었다가 완전히 살아난 경우는 없습니다. 엘리야와 엘리사에 의해 죽었다 살아난 사람이 있으나(왕상 17:22, 왕하 4:35) 이들은 세월이 지나면 다시 죽음을 맞습니다. 곧 주님처럼 영원히 살아난 것이 아닙니다. 또 에녹이나 엘리야는 죽음을 보지 않고 산 채로 들려 올랐지만(창 5:24, 왕하 2:11) 부활이라 할 수 없습니다.

23절에 "다음에는 그리스도 강림하실 때에 그에게 붙은 자요"라고 했습니다. 여기서 붙은 자란 주님을 영접하고 죽어 영혼이 천국에 간 사람을 의미합니다. 주님께서 강림하실 때 함께 데리고 올 영혼들이지요. 주님을 믿고 죽어 장사된 사람의 영혼은 주님 오실 때에 주님과 같이 공중으로 내려옵니다. 이때 무덤에 있는 몸이 썩지 않을 몸으로 홀연히 변화하여 공중에서 영혼과 결합합니다.

> 그 후에는 나중이니 저가 모든 정사와 모든 권세와 능력을 멸하시고 나라를 아버지 하나님께 바칠 때라 저가 모든 원수를 그 발 아래 둘 때까지 불가불 왕 노릇 하시리니 맨 나중에 멸망받을 원수는 사망이니라 15:24-26

주님을 믿고 무덤에 장사된 사람들이 부활하여 올라가고 다음에는 그 뒤를 따라 휴거되는 이들이 있습니다. 즉 믿는 사람들 중에 아직 살아 있는 사람은 죽음을 보지 않고 산 채로 올라갑니다.

여기에서 말하는 정사는 정치에 관한 일 등 세상 돌아가는 모든 것을 말합니다. 그리고 저마다 위치에 따라 할 수 있는 권력과 세력을 아울러 권세라고 합니다. 가정에서 가장은 가장으로서의 권세가 있고 회사나 나라에도 위치에 따른 권세가 있습니다.

능력은 어떤 일을 해낼 수 있는 힘, 또는 세상 살아가는 지혜를 말합니다. 주님께서 하나님 앞에 나라를 바칠 때란 곧 인간 경작이 끝났을 때이므로 정사나 권세, 능력이 필요 없습니다. 천국에서는 이러한 것들이 아무 소용 없으므로 다 멸하신다 말씀한 것입니다.

25절에 "저가 모든 원수를 그 발 아래 둘 때까지 불가불 왕 노릇 하시리니"라고 하셨습니다. 주님께서 지상 재림하시면 주님과 믿는 사람이 함께 천년왕국에서 왕 노릇 합니다. 이때까지는 아직 모든 원수를 그 발 아래 두시지 않습니다.

천년왕국이 끝나고 백보좌 심판 후 맨 나중에 지옥으로 떨어지는 것은 사망입니다. 그러면 사망이란 무엇일까요?

원수 마귀 사단은 우리에게 모든 불의, 불법, 죄를 가져다주었습니다. 이러한 비진리를 총칭한 것이 곧 '사망'입니다. 이 사망도 백보좌 심판 후 모두 없어집니다. 그러니 맨 나중에 멸망하는 원수는 사망이라고 하는 것입니다.

만물을 저의 발 아래 두셨다 하셨으니 만물을 아래 둔다 말씀하실 때에 만물을 저의 아래 두신 이가 그 중에 들지 아니한 것이 분명하도다 만물을 저에게 복종하게 하신 때에는 아들 자신도 그때에 만물을 자기에게 복종케 하신 이에게 복종케 되리니 이는 하나님이 만유의 주로서 만유 안에 계시려 하심이라 15:27-28

하나님께서 예수 그리스도로 인하여 천지 만물을 창조하셨다고 성경은 말씀합니다. 그리고 아들에게 권한을 다 위임했으니 예수 그리스도가 주인이 되십니다. 그래서 주님이 피조물 안에 속할 수는 없습니다. 우리와는 달리 예수 그리스도는 썩지 않는 신령한 몸이기 때문에 그에 속해 있지 않다는 의미입니다. 예수 그리스도의 발 아래에 만물을 두게 하신 이는 하나님이십니다. 백보좌 심판이 끝나 원수 마귀가 다 사망하고 모든 것이 회복이 될 때에는 하나님 앞에 예수 그리스도도 복종합니다. 그래서 온전한 복종이 이루어집니다.

여기에서는 질서를 말씀합니다. 첫째는 창조주 하나님, 그 아래에는 아들인 예수 그리스도, 그 아래에 구원받은 자녀들, 그 아래에 우리를 시중드는 천군 천사가 있습니다. 예수 그리스도는 하나님의 본체이나 종의 형상을 입고 이 땅에 오셔서 죽기까지 순종하며 아버지의 섭리와 뜻을 이루었습니다. 예수님은 하나님과 하나이며 하나님 자체이십니다. 그래서 마음도, 능력도, 힘과 권세도, 모든 것이 하나이나 여기서는 아버지와 아들로서의 질서를 말합니다.

아버지와 아들로서의 질서를 좇아서 복종함으로써 질서를 유지합니다. 어디에서나 질서가 없으면 안 됩니다. 우주 만물도 산천 초목도 다 질서와 순리를 따르고 영계의 법도 엄연히 질서를 좇아 돌아갑니다.

죽은 자들을 위한 세례란

만일 죽은 자들이 도무지 다시 살지 못하면 죽은 자들을 위하여 세례 받는 자들이 무엇을 하겠느냐 어찌하여 저희를 위하여 세례를 받느뇨 15:29

이 말씀을 오해하여 "죽은 자들을 위하여 세례받으면 하나님께서 그들도 구원해 주신다."고 가르치는 곳이 있습니다. 결코 그렇지 않습니다. 믿지 않고 죽은 사람을 위해 아무리 기도하고 세례받고 금식하고 예물을 드려도 소용없습니다.

이 땅에 있을 때 주님을 영접하여 구원받아야 하는 것이지 구원받지 못하면 사후에 다른 사람이 그를 위해 세례받는다 해도 아무 소용이 없습니다.

누가복음 16장 19-31절을 보면 거지 나사로와 부자가 나옵니다. 거지 나사로는 믿음을 가졌기 때문에 죽어서 천사들에게 받들려 아브라함의 품에 안겼습니다. 그러나 부자는 이 땅에서 세상과 짝하며 마음대로 살았고 결국 죄의 대가로 지옥에 속한 음부에 떨어졌습니다. 그 고통이 얼마나 큰지 물 한 방울이라도 얻기를 간절히 구하지만 얻지 못합니다. 부자는 자기 형제들을 사랑했기 때문에 나사로를 형제들에게 보내어 그들이 지옥에 떨어지지 않고 구원받을 수 있도록 전도해 달라고 강청했습니다.

그러나 예수님은 모세와 선지자들이 여러 가지 하나님의 증거를 보여 주었어도 믿지 않는 사람은 설령 죽은 사람이 살아나 천국과 지옥을 증거해도 믿지 않는다고 말씀하셨지요.

만일 이 부자가 음부에 가서도 구원받을 수 있다면 어떻게 말했을까요? 자신을 위해 기도하고 세례받게 해 달라고 부탁했을 것입니다. 그러나 자기는 구원받을 수 없음을 알기 때문에 자기 형제라도 구원하기 위해 그들을 전도해 달라고 부탁합니다. 이처럼 이미 죽은 사람에게는 구원의 길이 없습니다.

그러면 여기서 '죽은 자'는 누구를 가리키는 것일까요?

죄의 삯은 사망이므로 아담 이후 죄로 인해 죽은 모든 사람을 가리킵니다. 따라서 그 안에는 구원받기 전의 저와 여러분도 포함되며, 아직 주님을 영접하지 않은 불신자들도 포함됩니다. 사람은 원래 영·혼·육으로 되어 있는데 주인인 영이 죽었으므로 육의 생명이 살아 있다 해도 '죽었다.'고 표현한 것입니다. 영이 죽은 사람은 혼의 사람이며 육체의 사람으로 지옥에 갑니다.

그런데 22절을 보면 "아담 안에서 모든 사람이 죽은 것같이 그리스도 안에서 모든 사람이 삶을 얻으리라" 하여 죽은 자들이 예수 그리스도를 믿고 회개하여 살아난다는 것을 말씀합니다. 우리도 분명히 죽은 자였는데 예수 그리스도로 인해 살게 됐습니다.

이어서 '세례'가 나오는데 세례에는 물세례와 불세례가 있습니다. 물은 영적으로 하나님 말씀을 의미합니다. 따라서 물세례를 받는 것은 하나님 말씀으로 우리 마음을 씻는 것을 나타냅니다. 다시 말하면 물세례는 우리가 회개하여 죄사함을 받고 구원받는 것에 대한 상징적인 행위이지요. 그런데 물세례뿐만 아니라 성령을 받아 죽은 영이 살아나야 하고, 날마다 성령의 불세례를 받아 죄성을 태우며 마음의 할례를 받아야 합니다.

이렇게 마음의 할례를 받아 죄를 버리고 진리로 변화하여 예수 그리스도의 성품을 닮아갑니다. 그러면 우리 안에서 그리스도의 향이 풍겨나지요. 짜증내고 혈기 부리던 사람이 온유하게 바뀌면 이를 보고 믿지 않던 가족이 전도받아 교회에 나옵니다. 교회에 나와 말씀을 들어서 변화되면 성령을 받아 죽었던 영이 살아나 영생의 길로 가지요.

따라서 본문에 죽은 자를 위해 세례를 받는다는 것은 첫째, 자신이 성령과 불로 마음의 할례를 받아 부활에 동참케 된다는 의미입니다. 둘째, 성도가 마음의 할례를 받아 빛과 소금이 되면 불신자들도 이를 통해 은혜받고 구원의 길로 나온다는 의미입니다.

사도 바울이 고기를 먹을 믿음이 있으나 그것이 형제를 실족케 한다면 먹지 않겠다고 한 것도(고전 8:13) 그리스도의 향을 내는 것이며 상대를 위해 세례를 받는 것입니다. 우리가 애쓰며 모든 일에 본이 되는 것도 믿지 않는 남편이나 형제를 구원하기 위해서이며, 하나님 나라와 의를 이루기 위해서입니다.

이를 위해 열심히 악을 버리고 변화해 가면서 할례받는 것이지요. 믿는 이들은 죽은 자들, 곧 믿지 않는 사람들을 위해 살아야 하는 것입니다. 내가 섬기며 마음의 할례받아 변화되니, 즉 세례를 받으니 내 가족이나 이웃이 그리스도의 향을 맡고 구원받습니다.

따라서 29절에 "만일 죽은 자들이 도무지 다시 살지 못하면 죽은 자들을 위하여 세례받는 자들이 무엇을 하겠느냐"고 한 말씀은 만일 부활이 없다면 우리 자신이 무엇 때문에 세례를 받겠느냐는 것입니다. 내 마음대로 살면 되지 그들을 위해 할례받으며 변화될 필요가 없지요.

결론적으로, '저희를 위하여 세례를 받는다.'는 것은 자신을 위해 세례받을 뿐 아니라 영이 죽은 모든 사람을 위해 세례받는다는 것을 의미합니다. 곧 성도가 성결하고 진리 안에 살면서 그리스도의 향기를 내며 전도할 때 다른 사람들이 주님을 믿고 구원받을 수 있음을 의미합니다.

또 어찌하여 우리가 때마다 위험을 무릅쓰리요 형제들아 내가 그
리스도 예수 우리 주 안에서 가진 바 너희에게 대한 나의 자랑을
두고 단언하노니 나는 날마다 죽노라 내가 범인처럼 에베소에서
맹수로 더불어 싸웠으면 내게 무슨 유익이 있느뇨 죽은 자가 다시
살지 못할 것이면 내일 죽을 터이니 먹고 마시자 하리라 15:30-32

우리가 믿지 않는 이들을 전도할 때 시험 환난을 당하기도 합니
다. 다른 종교를 믿는 사람은 복음을 전할 때 듣기 싫어하지요. 더
군다나 사도 바울이 활동하던 시대에는 더 많은 위협과 핍박이 있었
습니다.

이어지는 31절에 사도 바울이 '나는 날마다 죽노라.' 했는데 이는
마음의 할례를 받는 것을 의미합니다. 곧 자존심, 자기 주장, 미움,
판단, 혈기, 교만, 욕심 등 비진리를 죽이는 것입니다. 내 안에 있는
악을 벗어 버리는 만큼 영의 사람, 진리의 사람, 주님의 성품을 닮은
사람이 되지요.

사도 바울은 이렇게 죽는 것을 자랑한다 했습니다. 고린도전서 13
장에서 자랑하지 말라고 했지만 주님께 영광 돌리기 위한 자랑은 해
야 합니다. 고린도전서 10장 31절에 "먹든지 마시든지 무엇을 하든지
다 하나님의 영광을 위하여 하라" 한 대로 사도 바울은 세상 것이
아니라 하나님 말씀 안에 살기 위해 비진리를 매일 죽이는 것을 자랑

합니다.

32절에 "내가 범인처럼 에베소에서 맹수로 더불어 싸웠으면 내게 무슨 유익이 있느뇨"라고 했습니다. 범인(凡人)은 평범한 사람을 말합니다. 평범한 사람처럼 화가 나면 화를 내고 다투는 것이 무슨 의미가 있겠습니까? 여기서 맹수란 사나운 짐승이나 악한 사람을 의미합니다. 이들과 싸워 유익할 것이 없지요.

사도 바울이 '날마다 죽노라.' 고백한 대로 내 안에 있는 죄와 싸워 버리는 것만이 유익합니다. 그래서 영적으로 살아 부활할 수 있어야 하는 것입니다.

이어 "죽은 자가 다시 살지 못할 것이면 내일 죽을 터이니 먹고 마시자 하리라."고 했습니다. 세상 사람들은 이 땅에서의 삶이 끝인 줄 알기 때문에 먹고 마시고 마음대로 취하고 죄 지으며 살아갑니다. "천국과 지옥이 있으며 하나님을 믿지 않는 사람은 지옥에 간다."고 전해도 "죽어 보아야 안다."고 합니다. 그러나 죽으면 이미 늦으며 아무리 후회해도 소용없습니다.

속지 말라 악한 동무들은 선한 행실을 더럽히나니 깨어 의를 행하고 죄를 짓지 말라 하나님을 알지 못하는 자가 있기로 내가 너희를 부끄럽게 하기 위하여 말하노라 15:33-34

믿는다 하면서도 진리를 좇아 하나님의 자녀답게 살지 않고 죄를 지으며 사는 사람들이 있습니다. 이런 사람은 적당히 믿으면 된다 하며 성경을 자기 편한 대로 해석하는 경향이 있지요.

"한두 잔 정도 마셔도 괜찮아. 성경에는 술 취하지 말라고 했으니 적당히 마시는 것은 괜찮다." 합니다. 그러나 한 잔을 마시든 두 잔을 마시든 그만큼 취하게 마련입니다.

하나님께서는 이러한 사람에게 속지 말라고 말씀합니다. 그것을 방치하면 다른 사람까지 물들지요. 악한 동무들은 선한 행실을 더럽히고 다른 사람마저 의 가운데 살지 못하게 합니다. 원수 마귀가 우는 사자와 같이 믿는 사람을 삼키려고 두루 찾아다니고 있으니 깨어 있어 의를 행하고 죄를 짓지 말아야 합니다(벧전 5:8).

하나님을 알지 못하는 사람은 아직 진리를 모르기 때문에 죄를 지었다면 회개하면 됩니다. 이제 막 신앙생활을 시작하여 죄를 이길 수 있는 힘이 없다면 기도하면서 죄를 벗으려고 노력하면 됩니다.

하지만 충분히 진리를 들어서 알고 진리대로 살 수 있는 능력이 있는 성도가 여전히 죄를 지으면 안 됩니다. 인류가 죄 때문에 멸망의 길로 갔고, 예수님께서 죄 문제를 해결하고자 십자가를 지셨습니다.

그런데 믿음이 있는 사람에게 죄를 지어도 회개하면 괜찮다고 가르친다면 옳지 않습니다. 성경에는 죄를 짓지 말라, 빛 가운데 살아야 죄 사함을 받는다, 죄를 지으면 사망의 길로 간다고 가르쳐 주고 있

습니다. 그러니 하나님의 은혜를 잘못 해석하여 사망의 길로 가지 않
아야 합니다.

천국에서는 각 사람의
영광이 다르기에

누가 묻기를 죽은 자들이 어떻게 다시 살며 어떠한 몸으로 오느냐 하리니 어리석은 자여 너의 뿌리는 씨가 죽지 않으면 살아나지 못하겠고 또 너의 뿌리는 것은 장래 형체를 뿌리는 것이 아니요 다만 밀이나 다른 것의 알갱이뿐이로되 하나님이 그 뜻대로 저에게 형체를 주시되 각 종자에게 그 형체를 주시느니라 15:35-38

하나님을 알지 못하는 사람, 교회에 나와도 의심하며 믿지 못하는 사람, 죄를 지으며 세상과 짝하는 사람들은 "죽은 자가 어떻게 다시 살아나느냐?"고 묻습니다. 그러한 것에 대해 아무리 설명해도, 의심하는 사람은 여전히 믿지 못하기 때문에 사도 바울은 다시 한 번 설명합니다.

의심하고 믿지 못하는 사람을 "어리석은 자"라고 말씀합니다. 시편 53편 1절에 "어리석은 자는 그 마음에 이르기를 하나님이 없다 하도다"라고 했습니다. 마찬가지로 주님의 부활을 믿지 못하여 "죽었다가 어떻게 살 수 있느냐?" 한다면 어리석은 사람이지요. 이런 사람을 깨우치기 위해 사도 바울이 씨를 비유 들어 설명합니다.

씨를 뿌리면 그 씨가 죽어야 싹이 나며 그대로 있으면 싹이 나지 않습니다. 그런데 어찌하여 씨가 죽어야 싹이 나고 자라서 열매 맺는다는 것은 알면서 사람이 죽었다가 다시 살아난다는 것은 믿지 못하느냐는 말씀입니다.

씨를 뿌릴 때에 알갱이를 뿌립니다. 이것이 죽어서 어떤 형체를 만들어 냅니다. 하나님 뜻은 심은 대로 거두는 것이어서 콩을 심으면 콩의 형체를, 보리를 심으면 보리의 형체를 만들며 종자마다 거기에 맞게 형체를 만듭니다.

육체는 다 같은 육체가 아니니 하나는 사람의 육체요 하나는 짐승의 육체요 하나는 새의 육체요 하나는 물고기의 육체라 15:39

'체'란 어떤 사물의 형상을 말합니다. 즉 어떤 모양의 틀 자체를 체(體)라고 하며 이것이 있으므로 독수리, 사자, 사람 등이 구별됩니다. 이 체에 살갗인 육을 붙여서 육체가 됩니다. 그래서 사람의 육체, 짐승의 육체, 새와 물고기의 육체가 다 다릅니다.

사도 바울이 이런 비유를 든 것은 하늘나라에서 우리 영체의 모습을 설명하기 위해서입니다. 예컨대 하늘나라에 가면 머리 모양이나 옷이 다 다릅니다. 남자의 머리카락은 목선까지 내려오고, 여자는 머리카락 길이가 상급이기 때문에 상급이 큰 사람은 척추 끝까지 내려옵니다.

또 하늘나라에서는 세마포 옷을 입는데 얼마나 성결하고 영의 사람이 되었느냐에 따라 밝기가 다릅니다. 더 거룩하고 깨끗한 사람이 있는 반면 덜 성결한 사람도 있기 때문에 천국이 나뉠 수밖에 없습니다.

해와 달과 별의 영광이 다르고
하늘에 속한 형체도 있고 땅에 속한 형체도 있으나 하늘에 속한
자의 영광이 따로 있고 땅에 속한 자의 영광이 따로 있으니 해의
영광도 다르며 달의 영광도 다르며 별의 영광도 다른데 별과 별
의 영광이 다르도다 15:40-41

사도 바울은 '부활'이라는 영적인 것을 설명하기 위해 그동안 육적인 것으로 비유 들었고 이제는 여러 다른 체에 대해 설명합니다.

믿지 않는 사람은 당연히 땅에 속하고, 믿는다고 하는 사람 중에도 쭉정이와 알곡이 있습니다. 알곡은 하나님 말씀대로 의 가운데 사는 사람이며, 이러한 사람에게는 하늘나라의 소망과 시민권이 있습니다. 그들은 하늘나라에 속한 백성이자 형체입니다.

그러나 신령한 차원을 모르고 여전히 육이 바라는 대로 죄를 짓고 어둠 가운데 행한다면 그는 땅에 속한 자입니다. 여기에서 하늘나라에 속한 형체와 땅에 속한 형체로 나뉩니다. 하늘에 속한 사람에게

야 당연히 천국의 영광이 주어지고 땅에 속한 자에게는 사망, 곧 지옥이 주어집니다. 그런데 하늘에 속한 사람도 앞으로 받을 영광이 저마다 다릅니다.

천국에서는 믿음에 따라 처소가 다릅니다. 크게 다섯 가지로 분류할 수 있는데, 이제 주님을 막 영접하여 간신히 구원받을 만한 믿음의 사람들이 가는 곳이 낙원입니다.

믿음이 조금 자라나 하나님 말씀을 지키려고 노력하지만 잘 지키지 못하는 사람이 가는 곳은 1천층입니다. 그리고 믿음이 더 성장하여 하나님 말씀을 듣고 지킬 수 있는 사람이 가는 곳이 2천층입니다. 더 나아가 악을 온전히 버린 사람들이 가는 3천층과, 하나님을 지극히 기쁘시게 하는 사람이 가는 새 예루살렘으로 구분됩니다.

여기서 해의 영광이란 악을 온전히 버리고 성결하여 3천층 또는 새 예루살렘에 들어간 사람의 영광을 말합니다. 달의 영광은 2천층에 가는 사람의 영광을 뜻하며 별은 1천층에 들어간 사람의 영광에 비유합니다. 낙원에 들어가는 사람은 주님을 위해 한 일이 없으므로 상급이 없으니 아예 영광이라고 표현하지 않습니다(『천국』 상,하 참조).

이때 해와 달과 별의 영광은 각각 큰 차이가 납니다. 또한 별마다 영광이 다릅니다. 밤하늘의 무수한 별이 각각 크기나 밝기가 다르듯이 영광에 차이가 있지요. 이처럼 사람마다 천국에 가서 받을 상급과 영광이 다릅니다.

사람과 고기, 새, 짐승의 체가 다 다른 것처럼 자신이 얼마큼 더 성결하여 영적인 사람이 되느냐에 따라 영체의 모습과 천국에서의 높고 낮음이 다르며 상급이 다르다는 것을 깨우쳐 주지요.

부활을 믿지 못한다면 하늘나라에 소망이 없을 것이고 죄와 싸워 버리지도, 천국에서 해와 같이 빛나고자 노력하지도 않을 것입니다. 그래서 먼저 부활을 믿을 수 있도록 씨를 비유로 설명하였고, 그 다음에 육체가 다 다르듯 영체가 다름을 깨우쳐 줍니다.

죽은 자의 부활이란

영혼은 불멸이기 때문에 주님을 믿고 죽은 사람을 '잠잔다.' 표현한다 했습니다. 그런데 왜 여기서는 죽은 자의 부활이라고 할까요?

아무리 믿는 사람이라 할지라도 영혼이 떠나면 육은 죽습니다. 바로 이 육의 몸을 말할 때에는 '죽은 자'라고 합니다. 무덤에 장사되면 시간이 지남에 따라 썩어 한줌 흙으로 돌아가지만 주님이 공중 강림하면 썩지 않을 신령한 몸으로 부활하여 올라가기 때문에 죽은 자의 부활이라고 합니다.

그렇다면 여기서 썩을 것으로 심고 썩지 아니할 것으로 다시 산다는 것은 어떤 의미일까요?

우리에게는 좋은 생각과 나쁜 생각이 있습니다. 영의 생각이 아닌 육신의 생각은 좋은 생각이 아니며 썩을 것입니다. 로마서 8장 6-7절에 보면 "육신의 생각은 사망이요 영의 생각은 생명과 평안이니라 육신의 생각은 하나님과 원수가 되나니 이는 하나님의 법에 굴복지 아니할 뿐 아니라 할 수도 없음이라" 했습니다.

육신의 생각은 사망, 곧 죽음이니 썩을 것입니다. 육신의 생각을 좇는 사람은 남을 판단하고 정죄하며 원수 마귀 사단의 역사를 받습니다. 그래서 육신의 생각은 하나님과 원수가 된다 하며 '모든 이론을 깨뜨리고 모든 생각을 사로잡아 그리스도에게 복종케 하라'고 말씀합니다(고후 10:5).

육신의 생각을 버린 만큼 영의 생각, 진리의 생각이 와서 영의 사람으로 변화됩니다. 육신의 생각을 죽이고 버리니 그 결과 내 안에서 미움, 판단, 정죄 등 악이 나오지 않습니다. 비진리를 버리는 만큼 썩지 않을 신령한 영의 것으로 사는 것입니다. 그래서 사도 바울은 "나는 날마다 죽노라." 했습니다.

욕된 것으로 심고 영광스러운 것으로 다시 살며 약한 것으로 심고 강한 것으로 다시 살며 육의 몸으로 심고 신령한 몸으로 다시 사나니 육의 몸이 있은즉 또 신령한 몸이 있느니라 15:43-44

이 세상에 살면서 옳지 못하고 욕된 모든 것을 버렸을 때에 하나님께서 영화롭게 하고 진리로 새롭게 채워 주십니다. 그래서 썩는 만큼, 버리는 만큼 영혼이 잘되고 범사가 잘되며 강건한 축복을 받습니다.

약한 것으로 심는다고 했는데 여기서 약한 것이란 약한 마음을 말씀합니다. 자신을 앞세우지 않고 섬기고 낮아진 마음이지요. 예수님께서 "어린아이들과 같이 되지 아니하면 결단코 천국에 들어가지 못하리라"(마 18:3) 하신 것처럼 진리의 사람은 어린아이같이 마음이 약합니다.

육적으로 약한 것을 심으면 영적인 강함으로 다시 삽니다. 오른뺨을 때리면 왼뺨도 대어 주는 것은 약한 마음입니다. "형제여, 내가 오른뺨을 맞았으나 형제의 화가 풀릴 수 있다면 왼뺨도 대어 주길 원합니다."라는 마음이 된다면 부딪힘이나 다툼이 있겠습니까?

이렇게 약한 것으로 심어 영적인 강함이 오면 원수 마귀 사단이 물러갑니다. 하나님의 사랑과 인정을 받으니 만사 형통한 길로 인도받아 영광 돌릴 수 있고 그리스도의 향기를 내지요.

이 세상에는 상대성이라는 것이 있습니다. 선이 있으면 악이 있듯이 육의 몸이 있으면 신령한 몸이 있습니다. 즉 이 땅의 삶이 전부가 아님을 알려 주는 것입니다.

우리가 이 세상에 속한 비진리를 벗어 버리면 영원한 하늘나라에서 상상할 수 없는 영광을 누리지요. 자신의 삶을 욕심대로 살지 않고 하나님 뜻대로 살아가면 하늘나라의 신령한 것으로 채워 주십니다. 즉 육의 몸으로 심고 신령한 것으로 다시 사는 것입니다.

하나님께서 흙으로 첫 사람 아담을 빚고 그 코에 생기를 불어넣어
산 영이 되었습니다. 그런데 첫 사람 아담은 범죄하여 죽은 영이 되었
습니다. 하지만 마지막 아담 예수 그리스도께서 죄의 문제를 해결해
주심으로써 죽은 영을 살리는 영이 되셨습니다.

46절에 '먼저'란 첫 사람 아담을 말씀합니다. 흙으로 빚은 첫 사
람 아담은 신령한 자가 아니고 육이 있기 때문에 결국 사단의 유혹
을 받아 범죄하여 멸망의 길로 갔습니다. 다시 육으로, 즉 썩는 것으
로 돌아간 것입니다.

그러나 예수님께서는 하늘에서 오셔서 성령으로 잉태되었기 때문에
신령한 분입니다. 첫 사람은 땅에서 났으니 흙에 속하며 둘째 사람
곧 예수님은 하늘에서 나셨습니다. 요한복음 1장 14절에 말씀이 육
신이 되어 이 땅에 오셨다 함과 같이 예수님은 우리를 구원하기 위해
사람의 형상으로 하늘에서 이 땅에 오신 것입니다.

흙에 속한 자는 비진리의 사람을 말합니다. 만일 우리가 비진리 가운데 사는 사람들과 섞여 그들과 똑같이 살아간다면 우리도 흙에 속한 사람입니다.

예수 그리스도를 알기 이전 우리는 흙에 속하고, 비진리 가운데 살았습니다. 그런데 예수 그리스도를 영접하고 성령을 받은 후부터 생각과 뜻이 바뀌어 아버지 하나님의 자녀가 되므로 하늘에 속한 자가 됩니다. 믿음을 가진 사람은 예수 그리스도, 진리의 말씀 안에 살기 때문에 하늘에 속한 자의 형상을 입는 것입니다.

우리가 썩을 것으로 심으면 썩지 않을 것으로 다시 살며, 욕된 것으로 심으면 영광스러운 것으로 다시 살며, 약한 것으로 심으면 강한 것으로 다시 살며, 육의 몸으로 심으면 신령한 몸으로 다시 살아서 하늘에 속한 자가 됩니다. 성령의 도움 가운데 비진리를 버리는 만큼 신령한 사람으로 변화되어 하늘에 속한 사람이 되는 것입니다.

마지막 나팔에 순식간에
홀연히 다 변화하리니

형제들아 내가 이것을 말하노니 혈과 육은 하나님 나라를 유업으로 받을 수 없고 또한 썩은 것은 썩지 아니한 것을 유업으로 받지 못하느니라 15:50

사람들은 대부분 마음이 찔리거나 화가 나면 금세 얼굴이 붉어집니다. '피가 거꾸로 솟는다.'는 말처럼 혈(血)이 격동하기 때문입니다. 여기서 혈은 혈기(血氣), 분(憤)과 같은 의미로 다 육에 속한 것입니다.

그리고 육은 진리 안에 살지 못하는 모든 것을 말씀합니다. 이러한 혈과 육은 하나님 나라를 유업으로 받을 수 없습니다. 그러면 '나에게는 아직 버리지 못한 혈과 육이 있는데 예수 그리스도를 믿어도 헛된 것인가?' 라고 생각할 수 있는데 그런 의미가 아닙니다.

아직 온전치 않아도 믿음으로 열심히 변화되려 노력하면 당연히 하나님 나라를 유업으로 받습니다. 다만 해와 달과 별의 영광이 다르듯이 얼마나 열심히 죄를 버리려고 노력하며 성결하느냐에 따라 주어지는 천국의 처소가 다른 것입니다.

그러면 42절에서는 썩을 것으로 심고 썩지 않을 것으로 다시 산다고 했는데 왜 여기는 썩은 것은 썩지 않는 것을 유업으로 받지 못한다고 할까요?

우리가 썩을 것 곧 악, 죄, 불의와 비진리 등을 버리지 않고 가지고 있다면 하나님 나라를 유업으로 받지 못하는 것이 당연합니다. 42절에서는 썩을 것을 심어서 죽여야 신령한 것이 나온다는 것이고, 50절에서는 썩을 비진리를 버리지 않는 상태로는 하나님 나라를 유업으로 받지 못한다는 말입니다.

보라 내가 너희에게 비밀을 말하노니 우리가 다 잠잘 것이 아니요 마지막 나팔에 순식간에 홀연히 다 변화하리니 나팔 소리가 나매 죽은 자들이 썩지 아니할 것으로 다시 살고 우리도 변화하리라 15:51-52

비밀은 계시를 말합니다. 마리아의 오라비 나사로가 죽었을 때 예수님께서는 그가 잠잔다고 했습니다. 예수님을 믿고 죽었기 때문에 장차 부활할 것이니 그렇게 말씀하신 것이지요. 제자들은 이를 육적으로 알아듣고 정말 잠자는 것으로 알았습니다. 이에 예수님이 그가 죽었다고 다시 설명합니다.

그런데 이렇게 주 안에서 죽은 자, 곧 잠자는 자는 마지막 나팔에 홀연히 변화됩니다. 하나님께서는 믿음의 선진들을 통하여 "멸망의 길에서 돌이켜 생명으로 나오라!"는 많은 나팔을 불었습니다. 이제 마지막 나팔은 주님이 우리를 데리러 오시는 나팔입니다.

이 마지막 나팔을 불면 주님이 공중 강림하십니다. 천군 천사가 호위하는 가운데 구름을 타고 큰 영광 중에 오시지요. 이때 장사되어 한줌 흙으로 돌아간 이들이 홀연히 썩지 않을 살을 입고 부활합니다. 살아서 주님을 믿는 사람들도 순식간에 썩지 아니할 신령한 몸으로 변화해 공중에서 주님을 영접합니다(살전 4:16-17).

이 썩을 것이 불가불 썩지 아니할 것을 입겠고 이 죽을 것이 죽지 아니함을 입으리로다 이 썩을 것이 썩지 아니함을 입고 이 죽을 것이 죽지 아니함을 입을 때에는 사망이 이김의 삼킨 바 되리라고 기록된 말씀이 응하리라 15:53-54

시기를 정확히 알지 못하나 곧 닥쳐올 일이기에 '불가불'이란 말을 씁니다. 이 썩을 것이 썩지 않을 새 살을 입는데 이 살은 영적인 생명 자체입니다. 사람이 죽으면 금방 썩는 냄새가 나지요. 하지만 예수 그리스도의 은혜로 우리는 죽지 않을 신령한 몸을 입습니다. 이 신령한 몸은 결코 썩지 않고 변하지 않습니다.

그렇기 때문에 하나님께서 아담을 창조할 때에 어린아이로 지은 것이 아니라 처음부터 장성한 사람으로 지으셨습니다. 어린아이로 시작하여 청장년을 거치면서 성장하면 변한다는 증거가 됩니다. 이렇게 변하는 것은 영이 아니기 때문에 창조할 때 온전한 아담을 만들어 놓은 것입니다.

그렇다면 "사망이 이김의 삼킨 바 되리라고 기록된 말씀이 응하리라."의 의미는 무엇일까요?

예수 그리스도께서 사망 권세를 깨뜨리고 부활하신 것처럼 믿는 이들에게도 똑같은 역사가 일어납니다. 우리가 사망의 노예로 매이지 않고 영생의 길로 나갈 수 있게 된 것입니다. 그래서 사망이 이김의 삼킨 바 되리라고 기록된 말씀이 응합니다.

"사망을 영원히 멸하실 것이라 주 여호와께서 모든 얼굴에서 눈물을 씻기시며 그 백성의 수치를 온 천하에서 제하시리라 여호와께서 이같이 말씀하셨느니라"(사 25:8)

천국에는 사망이 없고 애통, 질병, 고통도 없으며 행복과 사랑만 있습니다. 주님이 오시면 이러한 말씀이 모두 응합니다. 주님께서 오시면 사망이 우리를 어떻게 할 수 없습니다.

"자녀들은 혈육에 함께 속하였으매 그도 또한 한 모양으로 혈육에 함께 속하심은 사망으로 말미암아 사망의 세력을 잡은 자 곧 마귀를 없이 하시며 또 죽기를 무서워하므로 일생에 매여 종노릇 하는 모든 자들을 놓아 주려 하심이니"(히 2:14-15)

이 말씀대로 하나님 뜻을 좇는 사람은 사망의 권세에서 풀려나 영생으로 들어갑니다. 이를 위해 예수님께서 말씀이 육신이 되어 이 땅에 오신 것입니다.

사망은 원수 마귀가 지배합니다. 사망이 우리 인생을 쏘는 것은 죄 때문입니다. 죄 때문에 시험, 환난, 질병, 사망이 옵니다. 하나님을 믿는 사람은 하나님께서 보내신 천사가 지켜 줍니다. 그런데 보호받지 못했다면 죄를 범했기 때문입니다.

창세기 3장 14절에 보면 하나님께서 뱀에게 저주하기를 평생토록 흙을 먹고 살라고 하셨습니다. 여기서 흙은 흙으로 지은 사람을 의미합니다. 즉 흙을 먹고 산다는 것은, 사람이 죄를 짓는 만큼 원수 마귀 사단이 송사하여 시험 환난과 질병 등 여러 문제를 가져다주는 것을 말씀합니다.

죄의 권능은 율법이라고 했습니다. 죄를 다스릴 수 있는 것이 율법이라는 의미입니다. 나라에도 법이 있어 죄를 다스리는 것처럼 하나님 말씀인 율법이 죄를 다스립니다. 율법이 없으면 내가 죄인인지 아닌지 알 수 없습니다. 우리는 진리 말씀으로 비추어 얼마나 악한 죄인인지 알 수 있지요.

우리에게는 양심이 있지만 그것은 저마다 달라서 자신의 양심이 옳다고 주장해서는 안 됩니다. 내 생각에 맞춰 옳고 그름을 판단할 것이 아니라 오직 하나님 말씀에 비추어 결정해야 합니다. 율법에 권세가 있으므로 율법인 하나님 말씀에 맞추어야 하는 것입니다.

57절에 예수 그리스도로 말미암아 우리에게 이김을 주신다 했습니다. 오직 주님의 보혈로써만 우리가 깨끗해집니다. 만약 어떤 사람이 살인죄로 교도소에서 10년 복역했다고 합시다. 그러면 출소한 후에도 여전히 전과자라는 낙인이 따라다닙니다.

그러나 하나님께서는 우리가 마음에서 돌이키고 변화되면 "너는 죄인이다."라고 하지 않으며 기억지도 않으십니다(히 8:12). 이러한 하나님을 의지하고 나가는 우리가 어찌 사망이 쏘는 죄를 가지고 있어야 합니까? 당연히 버려야 합니다. 버리는 만큼 축복이 오고 기쁨, 감사, 평강이 옵니다. 이렇게 사망이 쏘는 죄를 예수 그리스도의 이름으로 승리하니 하나님께 감사하지요.

그러므로 내 사랑하는 형제들아 견고하며 흔들리지 말며 항상 주의 일에 더욱 힘쓰는 자들이 되라 이는 너희 수고가 주 안에서 헛되지 않은 줄을 앎이니라 15:58

주님 오실 때에 사망을 이기고 영생을 얻으니 믿음의 반석에 서서 좌우로 치우치거나 흔들리지 말고 항상 주의 일에 더욱 힘쓰라고 말씀합니다. 우리 수고가 헛되지 않으며 주님께서 행한 대로 다 갚아 주시기 때문입니다.

요한계시록 2장 10절을 보면 "네가 죽도록 충성하라 그리하면 내가 생명의 면류관을 네게 주리라" 하셨고, 고린도후서 5장 10절에는 "이는 우리가 다 반드시 그리스도의 심판대 앞에 드러나 각각 선악간에 그 몸으로 행한 것을 따라 받으려 함이라" 했습니다.

또 마태복음 5장 11-12절을 보면 "나를 인하여 너희를 욕하고 핍박하고 거짓으로 너희를 거스려 모든 악한 말을 할 때에는 너희에게 복이 있나니 기뻐하고 즐거워하라 하늘에서 너희의 상이 큼이라" 하셨지요.

이렇게 행한 대로 갚아 주신다는 소망이 있기 때문에 항상 기뻐하고 즐거워하며 승리할 수 있습니다. 그런데 하나님 일을 많이 하는 것도 중요하지만 하나님께서 더 기뻐하는 것은 우리의 거룩함입니다. 죄악을 벗어 버리고 성결한 만큼 더 좋은 천국의 처소에 들어가며, 이와 함께 열심히 충성 봉사한 것이 상으로 주어집니다. 그러니 단지 육적으로 충성하는 것이 아니라 열심히 악을 버리며 주의 일에 힘쓰는 영적 충성을 해야 합니다.

16장
성숙한 그리스도인의 자세

연보는 이렇게 하라

성령의 주관에 순종하기에

함께 일하며 수고하는 모든 자에게 복종하라

연보는 이렇게 하라

성도를 위하는 연보에 대하여는 내가 갈라디아 교회들에게 명한 것같이 너희도 그렇게 하라 매주일 첫날에 너희 각 사람이 이를 얻은 대로 저축하여 두어서 내가 갈 때에 연보를 하지 않게 하라 16:1-2

연보(捐補)란 하나님 앞에 드리는 헌금을 말합니다. 연보에 대하여 사도 바울이 갈라디아 교회들에게 어떻게 할 것을 명했습니다. 이제 고린도교회에도 똑같이 하라고 합니다. 그것이 자신의 생각이라면 '권면'이 될 수 있겠지만 하나님 말씀이기 때문에 '명령'이 됩니다.

'매주일 첫날'이란 일요일을 말합니다. 구약에서는 토요일이 안식일이고 지금도 이스라엘에서는 토요일을 안식일로 지킵니다. 그리고 그 다음 날인 일요일이 한 주를 시작하는 첫째 날이 됩니다.

사도행전 20장 7절에 보면 "안식 후 첫날에 우리가 떡을 떼려 하여 모였더니"라고 하였는데 이 안식 후 첫날은 일요일을 말합니다. 떡은 하나님 말씀을 의미하는 것이니 일요일에 떡을 떼러 모였다고 하는 것은 예배드리기 위해 모였다는 말입니다.

요한계시록 1장 10절에 "주의 날에 내가 성령에 감동하여"라고 하였는데, 주의 날이란 바로 일요일을 말합니다. 안식 후 첫날인 일요일이 주의 날이 되는 이유는 일요일 새벽에 주님께서 사망 권세를 깨뜨리고 부활하셨기 때문입니다.

이 때문에 예수 그리스도를 믿는 사람은 사망으로 가지 않고 영생을 얻으니 이날이 가장 기쁜 날이며 참으로 영혼이 안식할 수 있는 소망의 날입니다. 그래서 신약에 와서는 일요일을 안식일로 지켜 예배를 드리며, 헌금을 하여 하나님 나라를 위해 사용합니다.

사도 바울은 이곳저곳을 다니며 많은 교회를 개척하고 복음을 전하였습니다. 그리고 다소 여유 있는 교회의 헌금을 모아서 형편이 어려운 교회들을 도와주었습니다. 사도 바울 당시에는 교회 대부분이 어려웠지만 그중에서도 더 어려운 교회를 도와주었다는 말입니다.

특히 예루살렘의 교회들이 큰 어려움을 겪었습니다. 예수 믿는 사람들을 이단이라고 하며 유대법에 의해 잡아 죽이고 감옥에 가두는 등 심한 핍박을 하였으므로 드러내 놓고 예배하며 헌금할 수 있는 상황이 아니었습니다.

더구나 흉년이 들어 더 큰 어려움에 직면하였습니다. 사도 바울은 모은 연보를 직접 전하거나 인편으로 보내 예루살렘의 교회를 도왔습니다. 고린도교회에도 연보를 위해 미리 저축하여 두라고 부탁합니다. 만약에 준비하지 않다가 사도 바울이 갔을 때에야 부랴부랴 헌금한다면 그것은 억지로 하는 것이 되고 온전히 드리는 연보가 되지 못하지요.

사도 바울이 고린도교회에서 구제하기 위해 모은 연보를 그의 편지와 함께 예루살렘에 보내겠다고 합니다. 그런데 그것을 아무에게나 맡겨 보낼 수는 없고 사도 바울도 인정하며 그 교회에서도 믿고 인정하는 사람을 통해 보낼 것입니다.

이것은 오늘날 교회를 치리하는 데에도 마찬가지입니다. 만약 교회에서 누구를 돕거나 구제할 때에는 반드시 믿고 인정할 수 있는 사람에게 돈을 맡겨야 합니다. 사도 바울도 믿을 수 있는 사람 편에 예루살렘교회에 전달하겠으니 염려하지 말라고 하지요.

여기서 '너희의 은혜'란 고린도교회 성도들이 어려운 가운데에서도 예루살렘교회를 돕기 위해 허리띠를 졸라매며 헌금한 은혜, 예루살렘을 위해 열심히 기도하고 염려해 준 것과 그들의 신앙생활 등 여러 가지를 포함하여 말씀합니다. 그러한 것을 인편으로 예루살렘에 알려 은혜를 나누게 하고자 하는 것이지요.

만일 바울 자신도 같이 가는 것이 합당하면 함께 가리라고 의사 표시를 합니다. 그러나 "나도 가겠다."라고는 하지 않습니다. 사도 바울은 모든 것을 하나님 뜻에 맡겼기 때문입니다. 그래서 사도 바울은 의사 표시를 하지만 하나님 뜻이 아니면 갈 수 없기 때문에 '합당하면 가겠다.' 한 것입니다.

성령의 주관에 순종하기에

고린도 북쪽으로 올라가면 그리스와 그 북단으로 마게도냐가 있습니다. 사도 바울은 현재 머무는 에베소에서 마게도냐를 거쳐 고린도로 갈 것이라고 쓰고 있습니다.

군이 마게도냐를 지난다는 말은 쓰지 않아도 되지만 자신의 행로를 알려 주는 것입니다. 그리고 고린도에 도착하면 그들과 함께 과동할듯, 즉 겨울을 지내게 될 듯하다고 말합니다.

그러나 이것도 확실치 않기에 '과동할 듯하다.' 합니다. 성령께서 가지 말라 하시면 갈 수 없습니다. 사도 바울이 아시아에 복음을 전파하고 싶었으나 성령께서 막으시니 가지 못하고 유럽으로 간 기록이 있지요(행 16:6-10). 이처럼 모든 일을 내 뜻대로 하는 것이 아니라 성령의 주관에 따라야 합니다.

전에는 시간이 없고 바쁘다 보니 지나는 길에 잠시 들렀는데, 이번에는 주님께서 허락하면 설교하고 함께 은혜를 나누며 조금 오래 머물고 싶다는 뜻입니다. 여기서도 "주께서 허락하시면"이라고 하여, 오직 자신의 사역이 하나님의 뜻 가운데 있음을 알려 주고 있습니다.

사도 바울은 그곳에서 오랫동안 목회를 했기 때문에 고린도교회를 지극히 사랑하였습니다. 그래서 잠깐 들러서 보고 가는 것이 아니라 얼마 동안 함께 머물고 싶다는 뜻입니다.

8절에 '오순절까지 에베소에 머물려 한다' 합니다. 사도 바울의 목표는 오직 전도입니다. 어떻게 하면 에베소나 다른 지역에 전도의 문이 열려 많은 영혼을 구원할 수 있을까 하는 것이 목표였지요. 그런데 "내게 광대하고 공효(功效)를 이루는 문이 열리고"라고 하였으니 전도할 수 있는 문이 크게 열렸다는 말입니다. 공효란 '공을 들인 보람'이라는 의미입니다.

전도할 때에 대적하는 사람이 많으면 오히려 전도하기가 쉽습니다. 상대가 외면하고 아예 반응을 보이지 않으면 전도하기가 더 힘이 듭니다. 오히려 반론하거나 대적하는 경우 진리로 잘 깨우쳐 주면 주님을 영접할 수 있습니다.

전도할 때 원수 마귀 사단의 훼방을 두려워할 필요가 없습니다. 우리가 기도하며 열심을 내면 더 방해하려고 하지만 열심 내는 만큼 하나님이 지켜 주시기 때문입니다. 이처럼 전도할 수 있는 길이 열리고 대적하는 자가 많으므로 에베소에 좀 더 머물며 복음을 전해야겠다는 말입니다.

디모데는 사도 바울이 '아들'이라 부를 정도로 사랑하며 잘 가르쳐 길러 낸 종입니다. 그러나 나이가 어리고 사회 경험도 없으며, 온유한 성품에 몸도 연약했던 것 같습니다.

그런데 당시 국제도시로 번창한 고린도에 있는 고린도교회는 시기 질투, 분쟁, 간음, 형제간의 송사 등 교회 안이 매우 어지러웠습니다. 어린 디모데가 그런 곳에 가니 두렵고 떨리지 않겠습니까? 그래서 "너희가 함부로 대하지 말고 조심하여 그가 두려움이 없도록 잘 섬기라."고 당부합니다. "이는 저도 나와 같이 주의 일을 힘쓰는 자임이니라." 하였지요.

고린도교회에는 사도 바울을 좋아하는 이들도 있지만 싫어하는 이도 있습니다. 사도 바울이 교회를 세우고 진리로 가르쳤지만 누구 파 누구 파 하며 무리 짓고 사도 바울을 배척하는 이들도 있었습니다. 그러기에 사도 바울이 당부하는 것입니다. 그들은 그래도 사도 바울을 신뢰하며 능력자로 알고 있으니 그의 편지가 큰 역할을 합니다.

하나님을 사랑하고 진리 가운데 사는 사람은 하나님의 종을 멸시하지 않습니다. 만약 나이가 어리고 이제 갓 취임한 전도사가 심방을 온다면 어떻게 하겠습니까?

"어휴, 목사님이 오실 줄 알았는데 겨우 전도사님이 오셨군."

이렇게 생각하면 마음이 편치 않고 은혜받을 수 없습니다. 하나님이 기뻐할 수도, 역사할 수도 없지요. 이때에도 주님을 대하듯 맞이하는 것이 믿음입니다. 구역장이든 조장이든 지역장이든 누구든 주님께 하듯 영접해야 합니다.

일꾼을 치리하는 방법

형제 아볼로에 대하여는 저더러 형제들과 함께 너희에게 가라고 내가 많이 권하되 지금은 갈 뜻이 일절 없으나 기회가 있으면 가리라 16:12

사도 바울이 일꾼을 어떻게 치리하는지 잘 나옵니다. 그는 아볼로에게 "가라."고 명령한 것이 아니라 "내 뜻 같으면 가는 것이 좋겠다."고 여러 번 권면하였습니다. 그러나 아볼로는 듣지 않습니다. 아볼로에게 강경하게 "가라!"고 하면 순종하겠지만 바울은 명령하지 않았지요.

이것이 바로 일꾼들을 치리하는 방법입니다. 하나님 뜻이라면 당연히 명령해야 하지만 자신의 생각을 말할 때에는 권면해야 합니다.

아볼로 편에서는 가지 못할 이유가 있었습니다. 그는 전에 사도 바울과 고린도에서 목회를 한 적이 있습니다. 고린도전서 3장 6절에 "나는 심었고 아볼로는 물을 주었으되 오직 하나님은 자라나게 하셨나니"라고 말씀하지요.

그런데 교회 안에서 아볼로 파, 바울 파, 그리스도 파, 베드로 파 등으로 나뉘어 있으니 얼마나 마음이 아팠겠습니까? 그러니 가기 싫은 마음도 있고, 또 개인적으로 사정이 있어 가지 않았지만 때가 이르면 결국 순종하며 갈 것이라는 말입니다.

권면을 듣지 않는다고 해서 사도 바울은 감정을 품거나 노하지 않았습니다. 항상 화목하기 원하고 상대 입장에서 이해하며 용서하고 또 용서합니다.

그러므로 우리는 아볼로처럼 권면해도 듣지 않는 일이 없어야 합니다. 하나님과 깊이 교통하는 사람의 권면이면 "아멘!" 하고 순종할 수 있어야 하며, 그럴 때 하나님 나라가 신속히 확장될 것입니다.

우리가 구원받으려면 당연히 깨어 있어야 합니다. 어떤 때에는 열심을 내다가 식으면 마음이 곤고하고 세상 것이 좋아집니다. 그만큼 원수 마귀에게 지기 때문입니다. 다시 영적인 것을 되찾으려고 하면 힘이 들고 고통스럽습니다.

또 내가 충만할 때에는 기쁘고 감사하며 좋지만 충만함이 떨어지면 혈기가 나고 감사와 기쁨이 사라집니다. 그러므로 우리는 항상 기도하며 깨어 있어야 합니다.

"믿음에 굳게 서서"라는 말은 믿음의 반석 위에 서라는 뜻입니다. 집을 지을 때 반석 위에 지으면 비바람이 불어도 넘어지지 않으나 모래 위에 지은 집은 쉽게 무너질 수밖에 없습니다.

어떤 시험 환난과 문제가 닥쳐도 하나님 앞에서 인정받을 수 있는 흔들리지 않는 믿음이 중요합니다.

우리가 나무를 뽑으려고 할 때에는 먼저 흔들어 봅니다. 만일 뿌리가 깊이 내려 움직이지 않으면 한두 번 흔들어 보다가 포기하겠지만 어느 정도 흔들리면 "뽑히겠다." 싶으니 자꾸 흔들게 됩니다. 원수 마귀도 우리가 믿음의 반석 위에 굳건히 서 있으면 흔들지 않습니다.

그러므로 믿음 위에 굳게 서서 남자답게 강건하라고 말합니다. 즉 진리 안에서 강하고 담대하며 지조가 있어야 한다는 말씀입니다.

14절에 모든 일을 사랑으로 행하라 합니다. 사랑 없이 행하는 것은 하나님과는 상관이 없습니다. 어떤 일을 아무리 잘했다 할지라도 그것이 명령과 강압 속에 이루어진다면 많은 사람이 힘들어하고, 그 안에 사단이 역사합니다.

하나님 나라와 의를 위한 일은 크든 작든 모두 영적인 사랑으로 해야 합니다. 봉사해도 남에게 보이거나 자신을 드러내기 위한 것이어서는 안 됩니다. 자기의 유익을 구치 않고 하나님 나라와 형제를 위해 희생해야 하며, 모든 일을 사랑과 덕을 가지고 하나님께 영광 돌리기 위해 해야 합니다.

함께 일하며 수고하는
모든 자에게 복종하라

형제들아 스데바나의 집은 곧 아가야의 첫 열매요 또 성도 섬기기로 작정한 줄을 너희가 아는지라 내가 너희를 권하노니 이 같은 자들과 또 함께 일하며 수고하는 모든 자에게 복종하라 16:15-16

스데바나는 아가야 지방에서 처음 전도받아 주님을 영접했습니다. 그에게 그만한 행함이 따랐기 때문에 성도를 섬기기로 결심한 사람이라는 인정을 받았습니다. 하나님께서는 이렇게 하나님 나라와 의를 위해 일하는 사람에게 복종하라고 말씀합니다.

교회 안에는 다양한 사람이 모여 있습니다. 가난한 사람, 부유한 사람, 지식이 많고 적은 사람, 명예가 있는 사람 등 각계 각층의 사람이 있지요.

사회적인 지위나 경제적 조건을 불문하고 누구든지 하나님 나라와 의를 위해 열심히 일하는 사람이 있다면 그에게 복종하는 것이 믿음입니다. 또한 그러한 사람이 참된 하나님의 아들딸이지요.

만일 상대가 가난하다고 해서, 혹은 지식이 부족하다고 해서 순종하지 않는다면 교만입니다. '어린아이와 같지 않으면 결단코 천국에 들어가지 못한다.'(마 18:3) 말씀하신 대로 교만한 사람은 구원받을 수 없다는 것을 알아야 합니다.

마음을 시원케 한 사람을 알아주라

내가 스데바나와 브드나도와 아가이고의 온 것을 기뻐하노니 저희가 너희의 부족한 것을 보충하였음이라 저희가 나와 너희 마음을 시원케 하였으니 그러므로 너희는 이런 자들을 알아주라 아시아의 교회들이 너희에게 문안하고 아굴라와 브리스가와 및 그 집에 있는 교회가 주 안에서 너희에게 간절히 문안하고 모든 형제도 너희에게 문안하니 너희는 거룩하게 입맞춤으로 서로 문안하라 16:17-20

스데바나와 브드나도와 아가이고가 하나님 나라와 의를 위해 행한 것을 칭찬합니다. 사도 바울은 그리스도의 마음, 진리의 마음이기에 "나를 본받는 자가 되라."고 담대히 말할 수 있었습니다.

그래서 사도 바울의 마음을 시원케 했다는 것은 곧 성령을 기쁘게 하고 하나님 마음을 시원케 한 것입니다. 그러니 이런 사람을 알아주라는 것이지요.

성경에 보면 좋은 일은 널리 알리라고 하였습니다. 예수님께서는 생활비 전부를 드린 과부를 칭찬하셨고(막 12:43-44), 예수님의 장사를 예비하기 위해 향유를 머리에 부어 드린 여인의 일을 복음이 전파되는 곳에 널리 알릴 것을 말씀하셨지요(마 26:13). 이렇게 좋은 것을 칭찬하고 알리며 영광 돌리는 것이 하나님 뜻입니다.

이어 "그 집에 있는 교회"라는 것은 가정교회를 말합니다. 초대교회 당시 별도의 교회 건물이 없어 가정집에서 교회를 개척하는 경우가 흔했습니다. 오늘날에도 마찬가지이지요. 마지막으로 사랑은 서로 주고받는 것이므로 서로 문안하라고 합니다.

나 바울은 친필로 너희에게 문안하노니 16:21

사도 바울이 편지를 할 때 다른 사람이 대신 쓴 적이 많았습니다. 그런데 친필로 써서 보낸다는 것은 그만큼 그들에게 관심과 사랑이 있음을 말해 줍니다. 읽는 편에서도 그만큼 친근감이 들 수 있지요.

만일 누구든지 주를 사랑하지 아니하거든 저주를 받을지어다 주께서 임하시느니라 16:22

이러한 표현을 아무나 사용하는 것이 아닙니다. 악의 모습을 벗어 온전히 성결한 사람이 되었을 때 이런 말을 할 수 있고 또 그 말대로 이루어집니다. 이 말씀은 진리입니다.

주님을 사랑하는 증거는 계명을 지키는 것입니다(요일 5:3). 아무리 입술로 사랑한다 해도 계명을 지키지 않으면 거짓말이며 결국에는 구원받지 못합니다. 그래서 사도 바울은 "저주를 받을지어다."라고 한 것입니다.

어린아이들이 엘리사에게 "대머리여, 올라가라!"고 조롱하였을 때 엘리사가 저주하니 곰이 나와 그 아이들을 찢어버렸습니다(왕하 2:23-24). 이렇게 하나님께서 인정하시는 종의 말에는 권세가 따릅니다. 성경에 보면 하나님의 축복권과 저주권은 온전히 사랑받는 종에게 임하는 것을 볼 수 있습니다(창 12:3).

그가 축복받을 그릇이 된 사람에게 축복하면 복이 임하고 저주받을 자에게 저주하면 그대로 저주가 임합니다. 그렇기 때문에 함부로 저주해서는 안 되지요. 물론 하나님의 참된 진리의 종이라면 함부로 저주할 리 없고 당연히 진리를 좇아 성령의 주관을 받아 합니다.

주 예수 그리스도의 은혜가 너희와 함께하고 나의 사랑이 그리스도 예수의 안에서 너희 무리와 함께할지어다 16:23-24

그리스도 예수 밖에서의 사랑, 육적 사랑은 아무 소용 없습니다. 목자가 양 떼의 잘못을 보고도 책망하지 않고 무조건 칭찬해 주면 양 떼가 좋아할 수 있으나 그것은 참사랑이라 할 수 없습니다. 무가치한 육적 사랑일 뿐입니다.

칭찬도 함부로 해서는 안 됩니다. 칭찬을 받으면 금방 교만해져서 사단이 역사하는 경우가 잦기 때문입니다. 그러므로 칭찬도 성령의 주관을 따라 해야 합니다.

"주는 그리스도시요 살아 계신 하나님의 아들이시니이다."라고 고백한 베드로에게도 예수님께서 칭찬하시니 이내 사단이 역사합니다. 예수님께서 하나님의 뜻대로 고난을 받고 죽을 것임을 말씀하시자 베드로가 그것을 만류한 것입니다. 그러자 예수님께서 "사단아, 내 뒤로 물러가라." 말씀하신 것을 볼 수 있습니다(마 16:23).

그러므로 모든 일에 육적 사랑과 영적 사랑을 잘 구분해야 합니다. 본문에서 말하는 "그리스도 예수 안에서"의 사랑은 바로 영적 사랑입니다. 사도 바울은 주 예수 그리스도의 은혜와 자신의 영적 사랑이 고린도교회와 함께하기를 원한다고 복을 빌며 편지를 마무리하고 있습니다.

사도 바울은 이 서신을 통해 고린도교회가 직면한 여러 문제에 대한 하나님의 뜻과 구체적인 해답을 제시했습니다. 이러한 문제는 비단 고린도교회에만 국한되는 것이 아니라 오늘날 우리에게도 동일하게 나타날 수 있는 문제입니다. 그러니 각각의 문제에 대한 해답을 자신의 삶 가운데 실제로 적용하면 올바른 신앙생활을 위한 좋은 길잡이가 될 것입니다.

사도 바울은 먼저, 판단하실 이는 하나님이시니 자신의 생각에 맞추어 판단하지 말 것과 음행을 물리치며, 믿음의 형제와 송사하지 말고 교회의 질서를 좇아 해결할 것을 권면하였습니다. 우상 숭배를 피할 것을 강조하고, 자신의 유익을 구치 않기를 교훈했습니다.

성령의 은사를 설명하면서 무엇보다 최고의 은사인 사랑을 사모하여 온전히 이룰 것을 당부하였습니다. 또한 부활의 확신과 소망 가운데 깨어 의를 행할 것과 전도, 결혼 문제, 성찬 예식 등에 대한 하나님의 뜻을 알려 줍니다.

이 말씀을 양식 삼아 하나님의 뜻이 어디에 있는지 바로 분별하여 덕과 사랑으로 행할 수 있기를 바랍니다. 하나님께서 이러한 여러분을 기뻐하여 영육간에 넘치는 축복과 앞으로 천국에서도 큰 영광 중에 살 수 있도록 인도하실 것을 확신합니다.